线下社交

3×3色彩性格
自我检测

3×3 色彩性格自我检测

四色性格卡，3 分钟测出性格本质，
只有清晰了解自己，才能敏锐看清别人，
快速建立高效有用的人际关系圈。

3×3 四色性格检测法，由 9 张分析图卡组成，卡片顺序可任意随机抽选。

卡片由红、黄、蓝、绿 4 种颜色的不规则色块组成，使用时对卡片上的图案（可以是取自整张卡片，也可以是部分卡片）进行快速联想，总共限时 3 分钟。将最终联想出的事物，按生命（如熊猫、飞鸟等）和非生命（如风车、石头等）分类填写在性格自测表中，记录下该事物由哪几种颜色的色块组成，并确定一种核心颜色。

依次填写 9 张卡片的测试结果。

全部卡片做完之后，对照测试说明，即可知道自己所属的性格色彩。根据自测表后面的性格详解，就能得到有关自己性格特质的详细分析。

进入测试

STEP 1 填写色彩性格自测表

图卡	联想出的事物	生命 or 非生命	组成颜色(可多选)	核心颜色(单选)	计分
1		♡ ☆	● ● ● ●	● ● ● ●	
2		♡ ☆	● ● ● ●	● ● ● ●	
3		♡ ☆	● ● ● ●	● ● ● ●	
4		♡ ☆	● ● ● ●	● ● ● ●	
5		♡ ☆	● ● ● ●	● ● ● ●	
6		♡ ☆	● ● ● ●	● ● ● ●	
7		♡ ☆	● ● ● ●	● ● ● ●	
8		♡ ☆	● ● ● ●	● ● ● ●	
9		♡ ☆	● ● ● ●	● ● ● ●	
				总分	

使用说明

① 将联想出的事物填入表中，并按生命或非生命进行分类。对每一张卡片所联想出的事物，确定一个核心颜色。

② 由卡片联想出的事物，按照组成它的色块颜色（深浅红色均算红色，视为一种颜色），每种颜色计 1 分。例如联想到的图案是由 3 种不同颜色的色块组成，则为 3 分。将所有分数累加，即得到你的性格维度。

例：小明从卡片 1 中联想到一艘船，由 6 块色块组成，其中黄、蓝、绿各 2 块，他觉得组成这个图案的关键是一块蓝色色块，那么体现在性格自测表上则为：

图卡	联想出的事物	生命 or 非生命	组成颜色(可多选)	核心颜色(单选)	计分
1	船	♡ ✔	● ✔ ✔ ✔	● ● ✔ ●	3

STEP 2 确定性格色彩

9 张图里出现次数最多的核心颜色，则为你的性格色彩。

例如 9 张图里共联想出 7 种图案，核心颜色分别是红色 3 次、蓝色 3 次、绿色 1 次。此时红、蓝两色次数相同，则凭直觉从中选择一种。如最终选择红色，则测试结果为红色性格。

STEP 3 确定性格色彩维度

高维	中维	低维
28~36 分	20~27 分	0~19 分

将你的性格色彩与维度结合在一起，分类即得到你的性格色彩维度。如红色性格，性格维度为 25 分，则为红色中维性格。

STEP 4 确定性格类型

偏外向性格	偏内向性格	普通性格	内敛性格
生命类主题出现 7 次及以上	生命类主题出现 2~3 次	生命类主题出现 4~6 次	生命类主题出现 1 次及以下

确定性格类型，有助于你更精准地对自己的性格进行认知上的调整。

性格详解

红色高维

竞争型性格。充满竞争意识，不缺乏超越自我和他人的勇气，斗志旺盛，不肯服输。

红色中维

实用型性格。对所有人和事都有着自己独特的标准，相对过程而言更在意结果，掌控欲较为强烈。

红色低维

自我型性格。对自己的形象非常在意，热情的表面下其实非常谨慎，是为人高调和做事低调的矛盾结合体。

黄色高维

行动型性格。重视承诺，行动力极强，很容易被他人视为可信赖的伙伴。

黄色中维

传统型性格。中规中矩的典型保守主义者，相对于功成名就，更在意内心的安全感。

黄色低维

团体型性格。不适合领导他人，但有很好的团队协作能力，在群体中才能获得安全感。

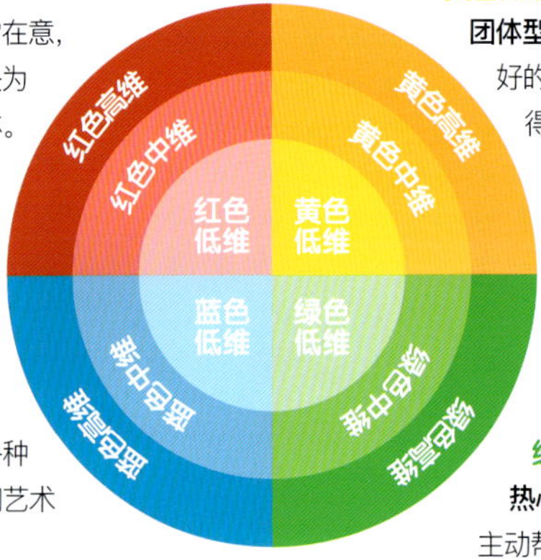

蓝色高维

梦想型性格。热爱思考，常有各种奇思妙想，尤其对抽象的概念和艺术方面有着独特的认知。

蓝色中维

内向型性格。不擅长与人交往，看似沉默寡言，但心里其实有完整独特的价值观。

蓝色低维

理性型性格。不容易受到情绪影响，大部分决定都是在深思熟虑之后做出的理性选择。

绿色高维

热心型性格。典型的好人性格，经常主动帮助他人，却很少开口求助。

绿色中维

交际型性格。人际交往如鱼得水，对如何与人顺畅沟通有着天赋。

绿色低维

规划型性格。擅长将目标合理地做成可执行的计划，并能巧妙地整理身边的资源来将计划变成现实。

线下社交

网络之外，才是真正属于你的圈子

曹竞仁 / 著

江苏凤凰文艺出版社
JIANGSU PHOENIX LITERATURE AND
ART PUBLISHING. LTD

图书在版编目（CIP）数据

线下社交：网络之外，才是真正属于你的圈子 / 曹竞仁著. — 南京：江苏凤凰文艺出版社，2016
ISBN 978－7－5399－9691－2

Ⅰ. ①线… Ⅱ. ①曹… Ⅲ. ①人际关系－通俗读物 Ⅳ. ①C912.11-49

中国版本图书馆CIP数据核字(2016)第230028号

书　　名	线下社交：网络之外，才是真正属于你的圈子
著　　者	曹竞仁
责任编辑	聂　斌　孙金荣
特约编辑	杨涵丽
文字校对	郭慧红
封面设计	夏海波
出版发行	凤凰出版传媒股份有限公司 江苏凤凰文艺出版社
出版社地址	南京市中央路165号，邮编：210009
出版社网址	http://www.jswenyi.com
经　　销	凤凰出版传媒股份有限公司
印　　刷	北京市兆成印刷有限责任公司
开　　本	700毫米×1000毫米　1/16
印　　张	18
字　　数	200千字
版　　次	2016年10月第1版　2016年10月第1次印刷
标准书号	ISBN 978-7-5399-9691-2
定　　价	38.00元

（江苏凤凰文艺版图书凡印刷、装订错误可随时向承印厂调换）

一切交往，本质都是自己与他人的互动。关系圈的建立，做好 1+1 是根基。

目录
CONTENTS

CHAPTER 3

1+1 行动法则

——方法正确，圈子才牢靠

CHAPTER 4

1+1 效应

——叠加起来的关系网

前言

PREFACE

这个世界上每个人都崇拜成功、追求成功，然而成功要靠什么呢？自己的努力和才能固然重要，但是如果你不是天才，只是一个普通人，没有背景、没有机会，是否就要一生与成功无缘呢？

当然不是。只是许多人都忽略了一笔每个人都拥有的财富，那就是自己的人际关系。现在的时代，社会交流信息高度发达，已不再是崇尚个人英雄主义的时代。孤胆英雄鲁滨孙，已很少有人会去仰羡，取而代之的则是那些善于站在巨人的肩膀上，演绎惊世传奇的人物，他们才是举世瞩目的焦点。

“30 岁以前靠能力，30 岁以后靠人脉。”这已经成为很多成功人士的共识。斯坦福大学研究中心曾经发布的一份调查报告指出：“一个人赚的钱，12.5%来自知识，87.5%来自人际关系。”这是一个令人震惊的结论，在这之前，人们认为知识非常重要，它在成功中所占的比例至少不会如此之低。

但现在，我们不得不重新认识成功。

这个世界上，有才华的人相当多，但只有小部分人取得了成功，大部分人却未能成功。成功者与失败者最大的区别就是，成功者无一不是身边聚集着各种精英，无一不有强大的人际网络，而那些失败者却根本没有可以利用的人脉，正是这种人脉的力量导致了两种人不同的结果。

人是社会动物，几乎每时每刻都在和其他人交往，所以每个人都会有自己的人脉，这是毋庸置疑的。但如何从庞杂的关系圈中，挖掘出闪亮的金矿，则是通往成功之路最关键的一步。

你应该已经意识到了这一点，只是还不知道该如何去做。打开手机通信录，看着上面的名单，或者回想你认识的人，也许你还是觉得有些迷茫，感觉无从下手。

没有关系，读完这本书，相信你很快就能重新认识自己，对如何经营有用的关系圈心中有数，进而以战略眼光拓展自己的人脉。

Social Offline

线下社交

CHAPTER 1

打造耀眼的“1”

——成为朋友圈的“爆款”

CHAPTER 1

01 你一定要懂的人际经济学

◆ 认识的人越多，可能离成功越远

有一句话流传很广：“一个人能否成功，不在于你知道什么，而在于你认识谁。”

这句话好像很酷，初听时似乎也很有道理。可如果你就此简单地以为，认识的人越多就离成功越近，那就错了。

这句话中的关键，是“认识”这个词。

人际关系的建立，都是从相互认识开始的，只是认识的程度有浅有深。作为社会动物，我们一生中认识成百上千甚至更多的人，这其中有可以托付生死的朋友，有相谈愉悦的好友，有至亲至爱的亲人，但更多的，则是只有一面之缘的点头之交。

对我们来说，这些只比陌生人略熟悉一些的人，是整个关系圈的基石。不可否认，意气相投的朋友，事业合作的伙伴，我们和他们的关系都是从点头之交开始的，但这种关系变化不是一蹴而就的，需要磨合的过程和双方的努力。就像大浪淘沙一样，最终收获的金砂寥寥无几，可在这个过程中从眼前流过的泥沙却不可计数。有人会骄傲地展示自己手中的金砂，可你见过谁炫耀自己拥有很多泥沙呢？

我年轻时，身边总有一些让我印象深刻的人。他们的共同特点是，自己庸碌无为，交际圈乏善可陈，但在聊到某些耀眼的名字时，往往会炫耀道：“××？我认识的。”“××你知道么？我和他吃过饭。”……凭借和对方仅有的偶然交集来提升自己的价值。

我刚工作不久时曾发生一件事，让我至今记忆犹新。

当时，我们团队的项目遇到了极大的障碍，出现了难以攻克的技术问题。在又一次绝望的例会中，负责技术的张经理很无奈地对我们这些不懂技术的同事解释，也许只有王盛教授，才能帮助我们解决这个该死的麻烦！

虽然我在技术上是外行，但也听说过王教授的大名，不只因为他清华教授的头衔，更因为他是这个行业全球最顶尖的技术大师之一。但是，他离我们太遥远，我们只能通过电视或杂志敬仰他。其实如果给我们一些时间，是有可能通过其他渠道，比如公司高层出面，联系上王教授的，但如此一来项目的进度无疑会被耽误。可毫无关系之下，贸然找上门去求助，恐怕会适得其反。

“所以，”张经理强调，“我们需要一个认识王教授的人，请他优先考虑我们的求助。”

大家面面相觑，都有些沮丧。这时，一个绰号“万事通”的新人忽然兴奋地说道：“我认识王教授，和他吃过饭。”

所有人的目光一下子都聚集到“万事通”身上，大家神色中充满了惊讶和期待，安静地等待着他能带给我们奇迹。

接下来，在耐心听了一个小时他详细描述王盛教授当天的穿着，讲的两个笑话，以及那顿饭每道菜的味道后，我们大家都明白了一件事：他只是和王盛教授在一个规模很大的晚宴上遇见并交谈了几句，甚至连电话号码都没有交换！

最后，张经理无奈地打断了他，直截了当地说：“你这不算认识王教授，只是见过而已。”

虽然我只是一个旁观者，但这句话却触动我颇深，并让我受益至今。

我想你应该可以明白我的感受了：想象一下这样的情景，旁人并不会因为你在某个饭局或者聚会上亲眼见过某个名人而就此对你刮目相看。因为这种单方面认识的关系脆弱而无用，我们都清楚，当事人很可能根本就不记得你。举个简单的例子，假设我在微博上关注了一万个人，那么我就可以说自己认识这一万个人，其中甚至包括李开复和贝克汉姆，可没有人会觉得这有什么了不起。但如果李开复和贝克汉姆同时在微博上关注了我，是不是就完全不一样了呢？

“1+1”法则的第一条就是：我们和他人交往，不是为了炫耀，而是为了解决问题。

这里需要强调，我们的交际圈当然是越广越好，但如果只满足于像“万事通”那样肤浅的“认识”，那么对于建立真正有用的关系圈来说非但是没有意义的，还是非常有害的，因为它会让人陷入虚假的满足感中。设想一下，当你遇到真正的麻烦需要得到帮助时，却发现所“认识”的那些似乎有能力来帮助你的人根本没有任何理由来帮助还算是陌生人的你，这巨大的沮丧感足以让你开始怀疑自己的关系圈是完全失败的。

关系圈的本质是要借此解决问题。

◆ 关系圈的扩张是有成本的

无论你处于什么社会地位，从事什么职业，从社会属性上来看，你首先作为一个单独的个体存在，这是社会群体的最小单位。

人际关系的最小单位就是“自己＋他人”的 1+1 模式。而你认识的每个人，也会有他的“1+1”关系圈。当无数个不同的“1+1”覆盖在一起，就构成了复杂的整体社会关系。

以著名的六度分隔理论为例，你和地球上任何一个陌生人之间所间隔的人，不会超过六个。也就是说，最多通过六个中间人你就能够认识任何一个陌生人。有多个著名的成功例子可以证明这个理论的可实行性。

听起来很不错，那么我们任何时候需要求助他人，使用六度理论就行了？

当然不行，六度理论并不是扩展关系圈的万用灵药，它并没有你想象的那么神奇。

我们可以换一个角度来思考：既然连接两个人关系的不超过六个人，那么要联系任何一个人，从理论上来说都是可行的，在如今信息高速传递的时代，更是不难实现。比如，一个粉丝喜欢某个明星，那么完全可以利用六度理论，找到他们之间间隔的人，最终便可以得到明星的电话号码。听上去很棒，似乎所有交际问题都能够轻松解决。

然而实际上，事情远不会这么简单。

首先，人际信息的传播途径也是需要成本的。这种成本，除了时间成本和金钱成本之外，还有一个更重要却往往被我们忽视的隐形成本：人际成本。

人际成本是什么？举一个常见的例子：十年没有联系过的某一个高中同学忽然找到你，想请你帮他约一个人见面吃饭，而这个人是你公司另外一个部门的同事，和你只能算普通交情。遇见这样的事，你肯定会斟酌一番，权衡一下帮忙是否会给自己带来不必要的麻烦。

而人际交往中，你不可能总是去麻烦别人。所以一定要重视人际成本。

其次，生活中我们的很多行为都源自目的导向，想要去认识某个陌生人一定是出于某种目的，想要实现的目的越急迫，行动的效率也就越高。

我有一个表弟，读大学的时候，他看起来是个非常普通的青年。在过去的十几年里，我对他最深刻的印象就是他不喜欢与人打交道，他没有参加大学里的任何社团活动，最喜欢的就是坐在电脑前设计他的电脑程序，这是他唯一擅长并喜爱的活动。

就是这样一个腼腆的年轻人，有一天约我出来吃饭，并在等菜的时候，忽然有些忐忑地问我是否认识李先生。

我确实认识李先生，他是投资圈里很有名的投资人，在这行已经做了二十多年。因为同样喜欢打高尔夫，五年前我在一场小型锦标赛上和他认识，并在之后有过一些业务上的合作。说实话，当时我既讶异又好奇，因为我实在想不出这个喜欢电脑的大三学生为什么会想认识一位年过五十的资本运作家。

表弟告诉我，他做了一款非常酷的应用软件，放在网上后出人意料地获得了许多好评，他甚至自信地说这是一个堪比 Facebook 的伟大创新，只是随着用户数量的增长，他需要一笔不菲的资金才能解决目前遇到的困难。

显然，这件事我是非常乐意帮忙的。第二天，李先生和我表弟愉快地聊了一个小时后拍板决定，为他的项目注入 200 万元的天使投资，而且这只是第一期注资。

这件事里，表弟的改变让我印象深刻。有时候，一个人为了认识一个陌生人愿意付出的努力和他本人动机的强烈程度是成正比的。

◆ 用有限的时间建立牢固的关系圈

六度理论并不是完全不可行，它的优点是可以找到与陌生人的交集，并有可能产生最基本的联系，在某些情况之下，是可以解决一些简单问题的。我读中学的侄女很喜欢国内某著名言情作家的作品，希望能够得到她亲笔签名的图书。尽管我对这个作家完全陌生，但通过朋友的朋友，在经过两通电话后，还是辗转拿到了想要的签名图书，把它作为生日礼物给了侄女一个惊喜。

打开礼物的瞬间，侄女看向我的眼神充满了惊讶和敬佩，那一瞬间她认为我简直是无所不能的。只是我自己知道，事实并非如此。因为我并没去认识那位作家，只是找到了这家出版公司的编辑，并通过一位共同的朋友，从编辑手里拿到签名书而已。我自己并没有和那位作家有过任何直接联系，甚至都没有直接和编辑沟通过。

单纯从结果来说，这件小事我貌似做得挺不错。但从 1+1 交往术的理念来看，我的行为里并没有将自己的人际关系传递出来，从关系圈的划分来说，不管是那个编辑还是那个作者，我与他们依然是陌生人的关系。这是一个没有太大价值的关系传递。

你也许会说，是不是要求太高了，不是已经达到想要的结果了吗？

亲爱的读者，我想告诉你的是，1+1 交往术带给我们最大的提升，就是从细节上认识交际的本质。请记住这一点：我们付出很大的代价，绝不仅仅只是想肤浅而简单地“认识”某人，而是希望能够改变和对方的关系！

从本质上来说，在交际过程中，我们交流的只是两样东西：信息和情绪。

其中信息又分为知识信息和人本身的信息。简单点来说，前者就是“我们交流的内容”，后者则是“交流的对象是个什么样的人”。

这两个信息都是非常重要的，只是对于我们来说，通常在并不熟悉的情况下，会下意识地把重点放在“这是一个什么样的人”上。所以交流的过程中，我们不是简单地把自己的个人信息在关系圈中传递。实质上，我们更希望传递的是“朋友关系”这种具有价值的深度关系。

“我是 A 的朋友，希望多多关照。”和陌生人交往时，这样的开场白你一定很熟悉吧？其实这句话隐含的潜台词就是告诉对方自己和他有共同的朋友这层关系，同时释放出善意，希望能够顺利地将这种关系传递下去。就算不可能凭一句话达到这个目的，至少也是做了第一步努力，为以后的交际打下基础。

所以，关系圈的一切问题，归根结底是人的问题。而人的问题，最终还是需要相应的人来解决。当我们在工作过程中遇到困难时，能知道自己寻求帮助的电话应该打给谁，或者知道应该找到谁，这才是利用人际关系解决问题的关键。

正如上一个例子里，表弟找到我时，很明确地知道他的最终目的是找到一个投资人来解决面临的问题，而不只是认识一个叫作李先生的人。我相信，假设李先生没能给他投资，他一定也会通过种种办法，认识其他能够帮助他的“李先生”。

实际上他非常棒地做到了一点，那就是和对方建立起新的属于自己的关系！在和李先生见面之前，他们之间是没有直接关系的，仅有的间接关系只是都认识我而已，但在会面结束后，他们两个人之间有了直接的合作关系。也就是说，即使没有我，这个关系在他们之间依然存在。“我们有一个共同认识的人”这层弱关系被更紧密的“合作关系”取代了。

这就是 1+1 交往术要告诉给你的：只有把你自己的 1 和其他人的 1 紧密联系起来，关系圈才能逐步真正建立起来。

◆ 你也可以成为那个被需要的人

在讲这个问题时，我们需要先了解另一个概念：需求关系的强弱。

对需求关系的强弱，每个人都有自己划分的方法。按照每个人不同的理解，对关系强弱的判断相差甚远，但在 1+1 交际体系里，判断的方法则简单明确：相互需求才是强关系。

有时候你必须得到某个人的帮助才行，但这种需求关系只是对你来说很强烈，而真正牢固的关系应该是相互的。

再次用表弟的事例作进一步解释：虽然他非常需要李先生的帮助，但并不意味他在交流中就是没有话语权的一方，也不代表他的机会是通过哀求而得来的。恰恰相反，作为一个出色的投资人，李先生需要许多具有成长性和无限潜力的投资项目，而表弟的项目则刚好满足这些条件。这才是两人合作成功的关键。所以，相互需求才是人际关系中的强关系的基础。

可能你会说，这样是否太功利化，人和人之间的交往，难道都要这样理性地来衡量吗？其实不是这样的，相互需求不只是物质化的衡量，很多时候需求的表现形式是多样的。

我在读书的第二年，和同系的另外一个同学在外租房，运气很好找到一套不错的房子，但多出一间屋子，所以我们决定转租出去分摊一部分房租。因为房子离学校近，价格便宜，环境也很不错，招租启示贴出去的当天晚上就收到超过二十封有意向的邮件。接下来我们需要从中挑选一个合适的人作为室友。

我们简单地讨论了一下，制定了新室友的几条标准：

最好是漂亮的单身妹子。（两个单身男青年的奢望）

最好是同专业的，这样比较有共同语言。

不要在家里做饭。（因为我们不会做，觉得做饭会把室内搞得脏乱）

这几条标准中规中矩，基本是当时想当然地觉得应该是这样。每条标准之间毫无联系，所以我们自己也有些茫然，对将要到来的“面试”有些忐忑。

结果有些出乎意料，第二天上午，在见过第三个租客以后，我们就拍板定了下来。那是一个来自四川的小伙子，比我们低一届，学的是我们最头疼的数学，更是做得一手好菜。

看上去他没有一条符合我们最初制定的标准，那么，选择他的理由是什么呢？

很简单，因为我们相处得很愉快。

他进屋子后并没有到处查看房屋的细节（其实室内的各种细节照片我们在招租启示上都已经贴过），而是坐下来和我们聊天，表现得随意而不粗鲁，和我们交流也很顺畅。两个小时后，当他和我们一起大呼小叫地玩了三局实况足球游戏后，我就迫不及待地问：“你什么时候搬进来？”

很久以后我曾问过他，为什么和其他租客不同，不过多在意房屋的细节，反而把时间和精力都放在与我们沟通上。他嘿嘿一笑，回答我：“合租的同伴比房子如何更加重要。”

听到这句话后，我恍然大悟，我们事先总结出来的条件，看上去没有问题，中规中矩，却都不是真正有用的强需求。因为租房这件事除了房子本身之外，最重要的其实就是与其他房客的关系，看透了这一点，才是抓住了问题的实质。我们和第三个租客，双方都更需要靠谱合拍的室友。大家都喜欢熬夜，喜欢看球，喜欢玩游戏，没有洁癖，对食物本来要求不高的我和我的同学，更是被他做的一手地道四川菜生生练出了刁钻的味觉……总之，共同点非常多，因此才会如此一拍即合。

这件事已经过去十多年，第三个租客现在依然是我最好的朋友之一，这种好友关系正是从最初的房东房客关系逐渐变化而来的。

那么，如何做到在人际关系中处于相互需求状态？换句话说，怎么才能让别人需要你呢？

答案是，找到自己被人需要的理由，首先要对自己有一个全面、客观、真实的认识！

02 / 先改变自己，再改变关系

◆ 和自己谈一谈，找到你的力量

古希腊的阿波罗神殿大门上，写着一句著名的箴言：“认识你自己！”大家在表达和某人很熟时，也常说“对他的了解就像了解我自己一样”，以此来表达对别人很了解。

可事实却是大部分人其实对自己并不了解。甚至可以说，他们根本没有想过要去认真地认识自己。

这不是故作惊人之语，因为这里所说的认识，并不是指你的身高、体重、年龄这些数据化的客观指标。真正的认识分为两个方面，首先是能够正确认识自己的优缺点。

你会不会觉得这很容易，不就是做个详细的自我介绍吗？

且慢，你上一次做自我介绍是什么时候？是相亲，还是应聘？或者是在有很多陌生人的聚会上？

现在，请忘掉那时说的那些话吧。在那种场合下，人的潜意识总会美化自己，夸大优点，掩盖缺点。当然这无可厚非，在这里我只是想提醒你，真正认识自己比你想象的要困难。

所以我们需要更真诚一点，用最严苛的标准来衡量自己。还好，这次你不用说给别人听，只需要自己知道。

首先，人总是不断发展的。所以，那些很久以前确实具有的优点，在不知不觉中，也许已经不能再让你自傲了。我小学时曾学过一段时间绘画，并在一次全国性的比赛中得了二等奖。上中学以后我的爱好发生了变化，再也没有摸过画笔，但却一直把“会画画，画得还不错”一直作为自己的一个优点，理所当然地经常提及。直到十多年后的一天，我被邀请演示这个才艺，再度拿起画笔时，我才忽然发现，自己其实已经完全不会画画了。这个曾经的优点早已在荒废练习的岁月中黯淡失色。

因此，请冷静、客观地想一想，再把你认为自己现在依然具备的优点记下来。另外我建议，对优点和长处的选取，既可以是外貌、举止、气质、谈吐等外在的表现，也可以是学识、特长、分析判断、心理承受等内在素质或者技能。

但尽量不要过多地集中在道德领域，因为道德品格的自我审视很难做到客观，而且也很难作为优点让人直接感受到。

接下来，需要了解自己的不足。这是很难的事情，不过有一个简单粗暴的办法——回忆别人曾批评过你的话，过滤掉那些让你不爽的词汇，诚恳地自我反思：这个缺点自己是不是真的有。

了解自己的缺点，重要程度和了解自己的优点不相上下。人无完人，我不能要求你将每一个缺点都改掉，这是不可能的。但可以保证的是，如果了解自己，那么在关键的时候，你就可以有意识地克制自己的缺点。要知道，有时候一个缺点毁掉的事情，十个优点也无法弥补回来。

《三国演义》里的张飞大家都很熟悉，他武艺盖世，豪气干云，却有个致命的缺点——脾气火暴，不恤下属。《三国志》作者陈寿对他的点评是：暴而无恩。正是因为张飞敬爱君子但从不体恤士卒，刘备曾告诫过张飞这是取祸之道。果然，张飞在阆中临出兵前，被两名遭受他无故暴打的士兵所杀。

遍数三国名将，张飞无论是名气还是实力都能排进前五，而他的暴躁脾气也是同样闻名。张飞出兵，本意是要为关羽报仇，却在急怒之下不顾手下感受，迁怒旁人，在关键的时刻没有克制自己的缺点，反而变本加厉，导致下属哗变。一代英雄，如此下场实在是令人惋惜。

建议大家每隔三个月，沉下心来做一次自我检视。只要耐心一点，冷静一些，认识自己就会变得容易。当你发现自己的优点依然闪亮，而缺点逐渐被克制，就会为这种改变带来的成就感而欣慰。更重要的是，任何人际关系中，一个足够了解自己，能够尽量克制缺点的人，一定是受欢迎的。

只有认识自己，对自己要求严格，才有资格对他人提出同样的要求。而认识自己是一个漫长的过程，是伴随我们一生的必要功课。《论语》里说：“见贤思齐焉，见不贤而内自省也。”意思是看到有德行有才能的人就向他学习，希望能和他看齐；见到没有德行的人就要在内心反省自我的缺点。

自省贵在改进，更贵在坚持，在人际交往中，我们不可能永远犯错，关键是一定要认识到自己的错误，并保证自己能及时回到正确方向上来，这才是让你的关系圈保持稳定发展的重要一点。

◆ 和圈子谈一谈，找出圈子的力量

正确认识自己只是第一步，更进一步是认清自己的人际关系状况。

认识自己是一个向内审视的过程，相对静态，而且自我的感觉随时会有内心的反馈，便于自己调整。但人际关系的状况，则复杂得多。萨特的戏剧《间隔》里有一句经典的台词：“他人即地狱。”这句话形象地说明当沟通出现问题时，后果会有多么严重。而这句话的另外一层隐含意思则是：同一件事，不同的人造成不同的结果，这中间的差距犹如天堂到地狱

那么遥远。

不知你有没有经历过对一件事的看法和周围所有人都不一样。这个时候你是否产生怀疑：这到底是我的问题，还是其他人的问题呢？

同样，人际关系状况很可能也会处于这样的境地。你一定遇见过这样的人，他们不论是在班级里还是在公司里，都自我感觉良好，认为自己人缘超棒，是不可或缺的中心人物。但你清楚地知道，他们其实令人讨厌，所有的人都只是碍于面子表面应付而已，私下里却极度反感他们，聚会时总是忍不住吐槽。

我并不是说这本书的读者真的会处境如此糟糕，只是提醒大家建立直观的认识，那就是平常我们感觉得到的人际关系如同冰山一角，他人的真实感受总是隐藏在表面反应之下。

如何客观清晰地了解自己人际关系的真实状况呢？最简单直接的办法就是自我观察。你需要摈弃过多的主观情绪，才能做出正确的判断。

比如，在自己的生日派对上听到的全是朋友们对你的赞美和夸奖，当你看到高朋满座，一定会自信地觉得自己的人际关系很不错，朋友众多。而当遇到失落挫折的时候，又暂时无法从周围的朋友那里寻求到及时的帮助，可能又会觉得自己的人际关系很失败，质疑自己是否已经沦落为孤家寡人了。

以上说的这两种情况都属于被自身过于强烈的主观情绪影响，无法客观做出正确的自我人际关系判断。也许有人会有不同意见：不是说“患难见真情”吗？第二种情况不正是真实地反映了自己的人际状况吗？

确实是这样，但这样做的风险太大，没人愿意将自己置于这样窘迫的境况之下，况且不是万不得已，我建议大家最好不要去故意考验人性，这是很危险的事情。

平常最好多去仔细地观察，相信只要你足够留心，就能够分辨对方是在敷衍地夸奖还是真诚地称赞，是提出诚恳的建议还是尖酸刻薄的批评。而当你看出其他人隐藏在这些表情下的真实态度时，人际关系的好坏便会清楚地展现在你眼前了。

当然，靠观察得到的结果是非常主观的，往往比较单薄，只能作为参考。如果仅仅以一两件事作为凭证，同样容易误导自己的结论，一定要结合其他因素综合考虑，才能得出正确的认知。人毕竟是情感动物，每个人为人处事的态度和方式在不同的场合会有不同的表现。

你也许会产生困惑：既然观察也不一定准确，那么有什么更加客观的标准让我能更加准确地了解自己在人际圈中的地位呢？

答案就是：把事情的正反面结合起来。

这里说一段我自身的经历吧，虽然至今提起依然有些羞愧。

中学的时候，我精力充沛又有些叛逆，仗着自己有些小聪明，成绩还不错，所以经常逃课，并认识了一帮外校的“坏孩子”，经常和他们一起参与打架斗殴。那时觉得很刺激，绝大多数时候都是我们欺负别人，在类似游戏厅这样的场合，经常和别人一言不合就大家群起攻之，很有江湖义气的爽快感。欺负人的感觉总是不错的，而我也形成了一个错觉，那就是自己有很多兄弟，可以肝胆相照。因为自己成绩挺好，家里经常会给不少零花钱，我都拿出来和大家一起分享。

幸好这种错觉并没有持续多久。一次照例的群架后，我们惹上了麻烦，对方报了警，我们都被抓进了派出所。让我惊愕的是，一进派出所，我认为的“兄弟们”纷纷把责任推到我的头上，在他们异口同声的描述里，都恨不得马上和我划清界限。

这件事最直接的结果，当然是我的“江湖梦”破碎，认真反省后做回了好学生。但在当时，最让我难受的是那种猛然发现“原来一切都是我的错觉”的失落和震惊。

因为那些坏学生显然并没有真正把我当朋友，在其眼中，在三流中专里厮混的他们和我这个重点高中的家伙，显然并不是一路人，大家不过是酒肉朋友而已。而天真的我却傻傻地认为大家应该是结义兄弟。这是我人生中第一次对正确认识自己人际关系的重要性有了无比清楚的认识。万幸的是，我付出的代价不大，在很早就明白了这一点。

总结这段经历，我们可以看出，人际关系的真实状况应该通过不同情况下相关人士的反应来对照印证。

套用到职场上，注意观察你的团队在被表扬和被批评这两种不同情况时，大家对你的态度。最常见的是受表扬时大家相互夸赞，被批评时各自推卸责任，这是人之常情，不必过多抱怨，但我们可以以此为标准，来延伸思考。

如果在受到表扬时，其他成员不忘提及你的贡献，而在被批评时，同样大家会为你分担责任或者帮你解释，那么说明你在团队中的人际关系相当不错，甚至可以算得上核心人物。而若是论功劳时没人提你，遇到问题总是把你推出来做批判对象，那么很遗憾，你在团队中已经被边缘化了。

◆ 如果怀疑自己，就进入关系圈去认识你自己

“未曾生我谁是我，生我之时我是谁？”

相传这是清顺治皇帝出家时，在北京西山慈善寺所写题壁诗中的一句。顺治是否真的出家，学术界众说纷纭，但身居天子之位的顺治皇帝，面对孤独的朝堂和后宫，居然发出“我是谁”这样寂寥颓然的追问，说到底，对自身关系圈非常失望，不能不是缘故之一。

作为普通读者，我们尽可能撇开谜团一样的帝王故事和类似偈语的禅机，但没有人能绕开“我是谁”这个话题。帝王将相也好，普通百姓也罢，要真正认识自己，必须破除故步自封的困局，将自己放在关系圈中去考量。

顺治的“我是谁”之困，困在疏远王公大臣，自我隔绝于江山社稷和黎民百姓之外。

而普通人对“我是谁”的困惑，主要体现在人际关系出现问题，从而导致对自我产生怀疑。具体表现形式主要有以下几种，相信你一定会觉得这些描述里的人都似曾相识：

一种人的表现是自我感觉良好。这在不谙世事、物质环境较好的年轻人身上比较容易发生，从小家长无条件的宠爱、家庭条件优越等因素容易使人

自我陶醉。在他们看来，无论是在学校还是在社会，自己都是受欢迎的、无往而不胜的。而如今社会上对那些成功人士“一夜成功”式的大肆片面渲染（比如对比尔·盖茨、马云等商界精英的解读很多都过于片面和简单），导致很多人在稍经挫折后，便产生“到底是我错了，还是其他人错了”的疑惑。

另一种人的表现则刚好相反，很容易陷入深深的自卑。这类人大多自身家庭条件不好，又缺乏勇气实现自我突围。他们要么自卑于外在条件，认为在人地两疏的环境中，平凡的自己一无是处，属于人际圈中最没用的那类；要么自卑于自身条件，认为自己经济捉襟见肘、言谈举止与周遭格格不入，没有信心建立属于自己的关系圈。他们的困惑更多集中在对自己的怀疑。

还有一种人，这类人的人数最多，也是我们生活中最常见的，这种人给人最深刻的印象是表现欲望强烈，但总让人觉得他和身边的圈子格格不入，非常别扭。这种人比上不足比下有余，最大的问题是不能找准自己的定位，他们觉得每个人际圈子似乎都适合自己，但实际情况却是自己处在每个圈子的边缘而不自知，始终无法被别人真正接纳。这种自我定位错误导致的人际关系错位，造成这类人妄自菲薄、好大喜功、喜欢指手画脚。

要解决问题，先要找到问题形成的原因。

第一种人，自我感觉良好者。他们由于天生起点不低，交际圈内的人都对其礼让三分，而他们却无法真正做到平等对人，不能融入其中。

第二种人，自卑者。他们的先天条件并不是很好，又缺乏积极主动的劲头与人交往，可以说这类人是主动将自己排斥在各个圈子之外。

第三种人，无所适从者。他们其实有自己的能力和优点，但心态不好，所以自我定位经常出错。

以上三种情况，并不是严格孤立的，实际生活中往往互相渗透，表现形式不一而足。但都可以归结为一个基本原因：没有进入关系圈去认识自己，或者说没有主动进入关系圈。

记得当年高考后，我的一个发小顺利考入了北大。在高中同学中，这件事理所当然，因为从小他的成绩就非常优秀，人也非常聪明。总之在我们这群朋友中，他算是当之无愧的天之骄子，自然也总有一些优越感。

但他进入大学之后，很快就发现周围的同学全部都是牛人，原来他可以轻松碾压周围人的成绩和智商，但在新环境里他只能算作一般。他认为之前一直觉得自己是个天才，但现在看来也许只是个误会，自己和那些更厉害的学霸比起来，其实只是个普通人而已。这种失落感让他那段时间非常压抑，整晚整晚地失眠，甚至严重影响了身体健康。

还好，他在这种失落的情绪中沉浸了没有多久，就摆脱了出来。后来他告诉我这件事的时候自我总结了一下，发现归根结底在于自己的心态没有摆正。他从小就觉得自己应该比所有人都强，认为这是理所当然的，上高中时他确实可以轻松做到这一点，但大学换了新的环境，人际圈里也都是最优秀的同学，还抱着这样的心态，就会给自己造成太大的压力。

当他意识到这一点后，又进一步想到，新的圈子和之前的性质也有很大不同。高中时唯一的目标就是高考，所有人都是竞争关系，所以第一名会让自己有安全感。但大学的气氛更加轻松一些，自己的目标应该是学习自己喜欢的东西并体会大学生活的乐趣。最关键的是，他认真分析了自己的性格，发现自己虽然喜欢学习新知识，但骨子里并不是一个特别好胜的人，那么自己的人生目标应该是多交有趣的朋友，学自己想学的知识。（后来他出于对语言的热爱，自学了三门外语。）心态改变后，自然就明白和同学之间不只是竞争关系，最终他很快适应了新的圈子，不再为之前的想法纠结。

这就是在解决进入新关系圈里所遇到问题的同时，又反过来清楚认识自己，并顺利融入新的人际关系圈的成功例子。

◆ 拆掉思维的墙，及时更新自我认知

前面说过，对自我的清楚认识非常重要。

正确的自我认识，直接影响别人对你的评判，也决定了你在人际关系圈中所处的地位。

但一个问题随之而来，那就是随着人生经验的丰富，随着阅历的增加，每个人的性格、观念，甚至人生观、世界观都有可能发生很大的变化。简单说就是，人总是会改变的，那么如何才能做到在无法抗拒的变化中依然能够清晰地认识自己呢？

说实话，这个很难。也许你的性格中并没有什么大的缺陷，对自己的认

识也颇为准确。但不知不觉中也许你已经改变很多，周围的人同样也发生了很大的变化，你之前的自我认识已经过时，而我们自身很难敏锐地察觉到。

我也曾经经历这样的困惑，总觉得自己似乎到了应该做出改变的时候，却拿不准该从哪里入手。后来我将目光投向那些成功人士的经历，经过大量总结，得到了一些有用的结论，这里和大家分享一下。

首先要声明的是，那些被我们熟知的成功人士，他们成功的因素多种多样，不可能轻松复制。不过有些人性上的共同点，确实能够给我们很多启发。除了“运气”这个不可控因素之外，不得不说时刻注意对自我认识进行更新是一个重要的因素。

而阻碍我们更新自我认识的最大障碍，就是固有的认知模式导致的认知偏向。

什么叫作认知偏向呢?

举个简单的例子：绝大多数人从懂事时起，对自我的认识就陷入了一种固有的模式：我应该用功读书，然后考所好大学，接着找份好工作，努力工作挣钱，过上安稳的生活。这个模式当然不能说是错的，不过肯定不适用于每个人。

问题是，这种模式可能在你还没有自己的主见时就随着家庭的潜移默化、学校教育或者社会主流的影响，在你脑中形成了固定的认识，觉得这就是正确甚至是唯一的人生之路。但当我们把自己放进这个模式里考量，得出的结论与真正的自我往往会出现偏差。

有一个例子可以说明固有模式导致的认知偏向有多难跳出，以至连李嘉诚这样的人物也曾受其所困。

李嘉诚年少时因日军入侵随父母逃难到香港。李父找不到工作又体弱多病，李家的生计主要依靠有一定经济实力的舅父庄静庵。14 岁的李嘉诚，自我认识依然处于传统模式：刻苦念书，等待学有所成后，在舅父的帮助下找一份稳定工作。两年之后，已处于肺癌晚期的父亲临终前询问李嘉诚今后的打算，他的回答依然是“日后令家人过上好日子”。可见，李嘉诚当时的自我认识仅仅是让家人过上好日子，这个目标很平常，似乎也不难实现，毕竟他的舅父当时拥有一家大公司。

可以看出即使是李嘉诚，在这个阶段，对自己能力的认识依然是很保守的，更不用说你我这些普通人了，我们早期的关系圈里都是条件和目标相似的同学、同事，随着时间的流逝，周围的一切稳定下来，我们才猛然发现能遇到的机遇和挑战越来越少，这种状态就像是陷入泥潭而无法自拔。固有的认知模式很强大，而且会轻易地扼杀我们伟大的理想。要想顺利抵达成功的彼岸，跳出固有思维认识自我就非常重要。那么，如何突破固有的模式，开辟人际关系的新路径呢？

第一，利用人生的重大事件。何为人生重大事件？可能是亲人亡故，父母或自己离异，也可能是自己在事业上遭遇挫折……此时，原有的模式破碎了，必须寻找新的自我认识。虽然这是被动的自我认识，但如果处理得当，依然能找到成功的路径。

父亲的去世是年轻的李嘉诚遭遇到的人生最重大的事件，已经 16 岁的他按照之前自己设定的人生路线选择辍学，在舅父的公司当了一名职员。工作一段时间后，他的自我认识逐渐发生了改变：自己不能仅仅依附舅父混口饭吃。

于是李嘉诚决定从零开始，去一家塑胶厂打工，从最基层的推销员干到部门经理、销售公司总经理。在新的关系圈里，李嘉诚如鱼得水，也真正认识了自身蕴藏的能力。他一边工作一边去夜校进修，同时认真经营人脉，22 岁那年辞职走上创业的道路。直到这时，他才算是真正跳出了固有模式，踏出了创造庞大商业帝国的第一步。

李嘉诚的例子毕竟过于特殊，普通人也不一定在遭遇重大事件时都能做出正确的选择。所以，给大家的第二条建议，就是要主动寻找和抓住机遇。固有的认知模式之所以强大，一方面在于环境的力量，另一方面是因为人固有的惰性。而后者是最难战胜的，随着年龄的增长以及结婚生子，很多人越来越懒于上进，不但不寻求进一步发展，反而选择主动远离关系圈。

也许你身边有些同学、朋友，起点比你低，看起来工作投入程度并不比你强，甚至有人疏于本职工作而花大量的时间忙碌于茶馆、咖啡店、饭馆和各种派对。这恰恰是他们成功的秘诀——主动寻找机遇，从而认识自我。

我有一位姓余的朋友，是很有才华的广告人。但他在 32 岁时，依然只是一个小广告公司的平面设计师，终日疲于应付各种案子，整天担心被年轻的同事超越而得不到老板的赏识，还要纠结当月的加班费和补贴，过得很辛苦，却没有勇气主动改变自己的生活。

某次同学聚会，一位从南方回来的同学无意中看到他的作品，大为赞赏，并极力鼓动余先生一起创业。直到这时，余先生才第一次审视自身，慎重地思考后，他辞了职，利用自己的专业才华与商务能力极强的同学一起走上了创业之路。如今他们的广告公司已成为所在城市前三名的知名公司。

记住，我并不是鼓动你所有的聚会都要参加，这不是重点。关键在于你要有一颗警觉的心，不放过每一个触动你的机会，对有准备的人来说，也许一句话、一件小事，就能让他重新认识自我，成为扩大或融入新的关系圈的重要契机。

03 交际高手满足人人，不会委屈自己

◆ 把握圈子的共性需求，更自如地融入其中

知己知彼，不过是进入关系圈的第一步。一旦进入关系圈，成为其中一分子，必须要先学会换位思考。在人际关系圈内，准确定位自己之前，请先想一下，你能给圈内的其他人带来什么？

不要觉得这个问题有些功利，在绝大多数人际关系圈里，这个问题就是核心。

以事业为例，假设你需要联合一些人一起创业，组建一个公司，那么你肯定会先考虑清楚这个问题：你以什么身份加入——是提供创业初期欠缺的

资金的投资者？是具备公司发展所需的管理能力的管理者？是擅长交际联络的公关类人才？还是技术能力强劲的产品研发者？只有确定了这一点，你的定位在公司里才会明晰，其他人同样将自己最擅长的一面展示出来，这样公司才有可能发展良好。

当然，在现实情况中，人际关系的表现形式要复杂许多。每一个人际圈，都会有一个共性，我们只要了解这个共性，就可以顺理成章地明白圈中每个人的需求是什么了。

对年轻人来说，最熟悉的应该是老乡圈或同学圈，它们分别以地缘和学缘关系为纽带，进入门槛并不高。这种关系圈往往产生在身在异地或者新的工作单位等相对陌生环境的人之间，圈内人员通常以叙旧为主题，彼此能给对方带来心灵慰藉，以此延续圈子的存在。

如果你不明白这一点，试图抛出圈内人员并不需要的“保险”“代购”等需求，那么你很可能招致圈子其他成员的排斥。

不搞懂人际圈的共性需求，你根本无法融入某个关系圈，即使勉强进入其中也难免被边缘化。有个在公司做部门经理的朋友曾给我讲过一件事，很能引以为鉴。

他手下有个小伙子，名叫欧泽，毕业于某大学中文系，在校期间就经常在报纸杂志发表文章，也算颇有才华。欧泽在公司企划部负责文案，工作做得也不错，只是偶尔会抱怨人在他乡，自觉圈子狭窄影响个人成长。林经理是个性格开朗的人，觉得欧泽这个小伙子不错，于是就经常带他参加私人活动。

但林经理是位户外自驾运动爱好者，所以他带欧泽进入的圈子，也都是喜欢讨论汽车改装、自驾旅游、最新车型等话题的同行。新朋友初见面，大伙听了林经理的介绍，寒暄时大多善意地调侃欧泽为“才子”“诗人”“文学家”，欧泽很是自得，又以为大家都很喜欢文学，便开始大谈特谈诺贝尔文学奖、后现代艺术流派等话题。见大家反应不强烈，欧泽反而很不高兴，言谈中开始流露出对其他人“没文化”的鄙夷。

这个小伙子最后当然没能融入这个关系圈，因为他完全没搞清楚圈内的人最需要什么。作为一个户外自驾群，最热门的话题应该是人迹罕至的风景、艰险的旅程、改装车、驾驶技术、户外装备、风光摄影等，即便有人偶尔也写游记，但文学无论如何不是他们最需要的。

当然，不是说喜欢文学和喜欢汽车自驾就不能共存，问题在于欧泽表现出的态度是错误的：故意卖弄并强迫别人的爱好必须和自己的一致。作为新人，应该主动融入圈子，而不是要求整个圈子的人来迎合屈就他。

一定要了解别人最需要什么——这句话里“最”才是重点。每个圈子都有“最”需要的东西，也就是需求共性，其他的需求都会服从这个共性。

◆ 你的优势独一无二，你才能真的得势

当你了解到某个关系圈的共性需求，就等于找到了进入这个圈子的钥匙。但若是想要做得更好，成为其中的核心人物，则需要找到自己的优势所在。

优势和优点、能力、特长并不一样，是你长于别人的技能，它的特点需要比较才会体现出来。比如你在大学时练过相声，甚至在学院的晚会上都可以来一段单人脱口秀，然而这个才艺如果放在演艺界，只能算是小儿科，甚至都不能算作特长。但在一般的公司里，这绝对算是非常不错的优势，有时候甚至是很稀缺的资源，公司大小晚会想要安排节目，就会想到你。

假设你积极参加公司活动，把能说会演这个优势充分发挥出来，在聚会上表现得幽默风趣，就会给公司其他人留下深刻的印象，为你带来潜在的加分。也许遇到难缠的谈判对手或者有重要客户需要接待时，领导会考虑让你出马。这些事情看似很小，且没有什么直接联系，但若是发挥作用，就有可能成为你额外的机会。

这里要强调一下，谈论优势的重要性，并不意味能力不重要。恰恰相反，拥有一定的能力，是你能够占据优势的先决条件，所以首先要明确自己的能力。

一个人的能力表现在各个方面，比如组织能力、协调能力、公关能力、谈判能力、技术能力、执行能力……在众多能力中，一定要善于比较，找准

哪个是圈内最需要、别人没有而你独有的能力，它才算是你的优势！

随着社会大分工时代的到来，任何人都不可能成为通才，所以必须要培养和发现你的一技之长，形成独有的优势。

另外，我要提醒大家的是，人际关系圈不是静态的，而是不停流动着的。所以个人优势同样也是不断变化、此消彼长的。也许你的才能在某个阶段是你的优势，但到了另一个阶段，同样的才能就会丧失优势，甚至成为限制自己的劣势。圈子在发展，其他人也在进步，如果还坚持一成不变的优势，作为个体的你可能会被圈子洗牌出局。电影《中国合伙人》讲述的三位大学同学合伙创业的故事，就把这个道理说得淋漓尽致。

电影里三位主角中，成东青出身农村，经过三次高考跃出农门；孟晓骏自诩为最典型的精英知识分子；王阳热爱文学，梦想成为诗人。毕业后，能背诵英文字典的成东青留校任教，孟晓骏留学美国，王阳放弃美国签证。

在 20 世纪 80 年代，这样的三个人都算是牛人了。虽然他们经历不同，但却同样经历磨难，成东青因在外私自授课挣钱被学校除名，孟晓骏在美国找不到适合的工作不得不去餐馆打工，王阳坚持个性、追求理想，日子也过得并不顺心。

一无所有的成东青在肯德基里开办英语补习班，慢慢扩大规模并邀请王阳、孟晓骏加盟，开办“新梦想”学校。创业之初，“新梦想”这个圈子里的三个人各有优势。仅以教师的身份来说，三个人各有绝招：成东青有“自嘲式幽默教学法”，孟晓骏具有亲身经历的“美国经验和签证方法”，王阳独创了“电影教学法”。三人优势互补，形成有利于学校发展的巨大合力，事业也获得空前成功。

而到了电影的最后，三个合伙人最终分道扬镳，我认为原因正是圈子内每个人身上的优势发生了巨大变化。当学校规模越来越大，成东青被媒体包装成留学教父，从土包子一跃成为精英和领导，而过分自信又有留美背景的孟晓骏却依然认为自己的优势独一无二，是不可取代的，无法接受这种改变。光环罩顶的成东青这时也犯了一个错误，盲目夸大了自己的优势，认为足以替代其他两个人的作用，于是最终这个圈子只能黯然散场。

可以说，“新梦想”核心圈子的分崩离析，根本原因与成东青的自我膨胀有关。但直接原因，其实就是孟晓骏不能在发展变化中认识自己具备的优势，从而被残酷地淘汰出局。

◆ 投其所好大有技巧

“投其所好”这个成语本身是中性词，但通常在语境中使用时是带一些贬义的，在有些人的认识中，它甚至简单粗暴地等同于拍马屁等行为。

其实“投其所好”的确是人际交往中非常高明的一个常用办法。只是因为很多人运用得不太好，所以才给我们造成了“这种行为似乎有些不太好”的印象。

在我们所讲的1+1交往术中，当面对其他的“1”时，你会发现，每个人的具体需求都是不同的。如果只是简单地附和他人的思想观点，或者装作和对方有同样的爱好，也许在短时间里能够有所收获，然而从长远来看，这种功利性的伪装不但会让自己逐渐丧失个性，而且被人揭穿后，会带来无法弥补的负面影响。

我是很赞同在人际交往中能够做到投其所好的，但先要强调几点：投其所好不是指简单的自我推销，不是根据对方的需求生硬地夸大自己的能力，更不能违背自己本来的想法去刻意迎合他人。

举个例子会更清楚：你的老板很喜欢NBA，恰好你也是，那么大家午休一起吃饭时，经常谈论篮球，相谈甚欢。这样可以促进大家的交流，是没有问题的。但假如老板喜欢科比，而你恰恰讨厌科比，如果你违背本心，附和老板说自己也很喜欢科比，就有些问题了。

当然，并不是说必须时刻坚持自己的任何观点，我们可以有很多更好的处理方式，可若是为了投其所好而违背自己的本来想法，一来自己会觉得别扭，二来若是今后无意流露出自己的真实想法，那么对方会觉得你不够真诚，直接导致对你的印象大幅减分。

我们在前面几节里，既讲了如何发现他人的真正需求，也讲到怎样清晰认识自己的个人优势，接下来要做的就是认真思考，如何将自己的优势和别人的需求结合起来，这样的“投其所好”才能够让我们真正受益。

我们的目标是成为社交关系圈中那个人人都喜欢的耀眼的“1”。你现在已经能够看出别人的需求，也知道自己的优势，接下来的问题就是如何把握投其所好的时机和关键点，直白点说，就是我们应该怎么做。

推荐一个大家耳熟能详的故事：三顾茅庐。

刘备和诸葛亮都是投其所好的高手，而故事的结局也非常完美。这里我们仔细分析一下整个过程中两个人都做了些什么。

首先，刘备经他人推荐，带着礼物到南阳邀请诸葛亮加盟他的兴汉伟业。但诸葛亮前两次都借口避而不见，于是刘备恭恭敬敬地给他留下一封信。第三次去时，刘备特意吃素三天，做了充分准备，礼节上挑不出一点毛病才登门，给予诸葛亮非常高的礼遇。

注意，这时候刘备已经判断出诸葛亮其实是有意出山的，但他希望得到对方的重视，所以刘备做出了最求贤若渴的姿态，给予诸葛亮最需要的“被重视”的感觉。

诸葛亮并没有直接见刘备，而是在屋里睡觉。刘备谦恭地在诸葛亮家门口站了一上午，诚意十足。这样的做法显然让诸葛亮感到十分满意，于是两人见面后，诸葛亮拿出了早已写好的《隆中对》，而他对天下大势的分析，则正是刘备渴求的。

接下来则是诸葛亮的表现时间，他的一番谈论，不但对天下形势胸有成竹，对刘备的处境也了如指掌，可见在这次会面之前，刘备早已进入诸葛亮的视线，是他的选择之一。

经过见面后的相互了解，两人情投意合。诸葛亮发现加入刘备圈子的时机很好，此时正是刘备最需要自己的时候：曹操击败袁绍集团，挟大军准备南下攻打荆州；依附袁绍的刘备向南逃窜，投靠刘表暂时驻扎新野城，正在招贤纳良，巩固实力。

同时自己的优势在刘备的圈子中也是无可比拟的：曹操大军压境，刘表所在荆州危在旦夕，刘备圈子虽得民心，并有关羽、张飞二位贴心猛将，但却唯独缺少擅长做政治军事形势研判和决策的人。

于是这篇旷古绝今的《隆中对》一出，直接把刘备圈子需要做的事都考虑到了。诸葛亮一进入刘备的圈子，便马上成为最核心的人物。而刘备的圈子里有了诸葛亮这样大智近妖的军师，更是奠定了日后三分天下伟业的基础。

生活中，人际关系的具体情况处理，远远比纸面上的理论复杂得多。之所以反复提醒大家，不能以违背本心的方式来投其所好，是因为人际关系并不是一时一刻的事，而是长久的交流。只有自己心志坚定，不轻易为小利放弃立场而去迎合他人，才能有独立的立场。否则很容易被人当作没有原则的油滑之人，很难真正被人接纳。

正如刘备一开始以谦逊求贤、绝对信任的姿态赢得了诸葛亮的效忠，而这种信任贯穿君臣二人的一生，所以才有“白帝城托孤”的故事和千古名篇《出师表》里所表达出来的深厚感情。

◆ 平衡圈子的共性需求和个人的自我需求

想清楚了你能满足别人什么后，我们也不妨想想，自己想从人际圈中得到什么，又能得到什么。这个问题看似简单，但非常重要。若能想清楚这个问题，我敢保证你以后在人际交往中可以少走许多弯路。

每到周末，总有大量总裁、老板出入校园参加进修。我们不去讨论上班后再去进修的必要性和合理性，不可否认的是，只有一小部分人是真正想去学习知识，给自己充电的。这种“进修热”现象的背后，是一个听起来似乎颇有道理的观点：大家不是冲着学知识拿文凭去进修的，结识新同学、扩大自己的人脉才是他们的最终目的。

我个人对这种急功近利的做法并不赞同，因为很多人虽然进入了因培训班而形成的同学圈子，但仅仅停留在发发名片、混个脸熟的程度上。他们没有思考自己能为圈内人带来什么，甚至没有去想自己这么做是要从这个关系圈里得到什么，而仅仅是因为从众心理做出的决定。

这里我们可以好好换位思考一下，毕竟只有先明白“想得到什么”，才能把“我能给什么”搞清楚，从而做到有的放矢。

通常说来，一个人想要进入某个关系圈，不外乎几种目的：

1. 满足直接需要

这种人目的性非常明确，能紧紧把握投入与产出的关系，也能尽可能地满足他人某个方面的需要。我有一位做广告传媒的朋友，已经连续读了不同学校的三个 MBA 班。然而他目的非常明确，就是直接获取目标客户——

班上的同学，也就是那些企业老板和高管。于是他坚持按时上下课、认真听讲，并主动担任班委干部，帮同学们复印课堂笔记、组织联谊活动等，努力保证研究生培训班这个小圈子成员的稳定性，为其他成员创造各种方便，于是他很快融入圈子并成为核心人物。因此他参加的每一个 MBA 班，总能给他带来丰富的客户资源，公司的业务也做得越来越大。

2. 提升能力

很多人加入某个关系圈，并非要直接索取什么，而是想通过圈子的氛围和成员的互助，达到弥补缺陷、提高能力的目的。比如我的父亲，退休之后喜爱钓鱼，但身边有相同爱好的朋友并不多。后来我教会他使用网络，他加了一些钓鱼爱好者的微信群、QQ 群等，大家因为有共同的爱好，所以会经常组织线下的钓鱼活动。在这个小圈子里，大家的共同目的很简单，希望提高钓鱼技巧或者分享新的垂钓地点等，每个成员都会自觉交流所掌握的信息，形成互助互帮的良好氛围。虽然群里大多数都是比我父亲小很多的年轻人，但由于有共同的爱好，大家一样相处得十分融洽。而我父亲因为退休在家，时间很充裕，有更多的时间和耐心来组织活动，整理垂钓相关资讯分享给大家，很快他就成为钓鱼群里的核心管理员，这也让老人十分开心。

3. 扩大人脉，投资一种可能性

有这种目的的人并没有什么迫切的直接需求，也不指望提高自身能力，仅仅希望通过一个新的圈子扩大人脉关系。他们注重的不是眼前利益，而是长远打算，他们进入新的圈子，最重要的需求往往是因为不想故步自封，要尝试更多的可能性，比如新的投资领域等。

每个进入关系圈的人都是有需求的，我们要做的只是认清自己能从关系圈得到什么。明确自己的需求，搞清楚要从关系圈内得到什么，同时自己能满足他人什么需求。

做到这两点后，你就可以开始挑选想要真正进入的关系圈了。在融入新的关系圈后，也没有必要掩饰自己的真实目的，因为你为别人带来帮助，同时能够得到自己想要的，这本身就是一件很开心的事情。

04 如何成为那个“被推荐的人”

◆ 不管你多牛，都要低姿态进入关系圈

放低身段，不同于卑躬屈膝，也有别于谦逊低调。卑躬屈膝是损害尊严的行为，谦逊低调则是主动表现出的美德，而我们这节要说的，是当你因为无法抵御的客观原因，在人际关系中处于低谷时，该以什么态度去面对。

我想先谈谈一个人在处理自己的人际圈时，什么样的态度才是正确的。具体到不同的人和不同的事，肯定无法指定某一种态度是最合适的。

不管采用什么态度，在获得新朋友的尊重之前，要先摆正自己的位置。

《集结号》是我很喜欢的一部电影。故事的开头，九连以全连战士牺牲的巨大代价，完成了掩护大部队转移这个几乎不可能完成的艰巨任务。而连长谷子地受伤后，幸运地活了下来。但意外的是，因为原来的部队番号已经取消，无人能证明他的身份，战争结束后，谷子地被解放军当作敌军士兵俘虏，而战死的全连战士也被确定为战争失踪者。

故事的转机在于，在这之后谷子地设法加入了解放军炮兵部队，并在朝鲜战场上和赵二斗结下了生死之交。

这段友情直接影响了故事的结局：复员后谷子地孤身一人去寻找战友们的尸骸，被煤矿工人视为“神经病”。孤立无援之际，已晋升为团长的赵二斗找到了他并为他做证，谷子地压抑多年的委屈终于得到释放。

我们现在抛开电影来谈谈谷子地这个人的经历，看看他在人际关系发生剧烈变动时是如何处理的。

幸存的谷子地明明做了英雄，却得到战俘的待遇，之前的人际关系被抹成一片空白，这对他而言绝对是一个巨大的打击。他也有普通人的反应：咒骂、解释、失望……但他的优秀在于，当清楚真相暂时是没有办法得到澄清时，冷静地接受了现实，并立刻寻找其他可能解决问题的途径。

于是当赵二斗在“俘虏”中寻找炮兵时，他主动报名了。本身毫无炮兵经验的谷子地，在赵二斗手下只能做一名炊事兵。尽管之前的身份是货真价实的战斗英雄、堂堂的连长，但谷子地还是接受了这个错位的现实，并以丰富的步兵战斗经验获得了赵二斗的青睐，重新争取到上前线的机会，最终救下踩了地雷的赵二斗，并由此引出电影后半段的故事。

设想一下，如果谷子地接受不了原有的人际关系圈突然消失，必须从零开始这个现实，还会不会有后面的故事？如果他进入新的人际关系圈，对自己的边缘身份（新队伍中的一名炊事员）自暴自弃，是否还能抓住机会证明自己？如果他以老兵自居，看不惯那些资历不如自己的战友级别却高过自己，那么还会有人这么多年一直挂念着他，最后不惜以自身的信誉作担保，为他解决历史遗留问题吗？

这就是电影中最让我感慨的情节之一，主角从一个找不到番号的“俘虏”到再次成为战斗英雄，他成熟的地方就在于他在绝境中依然能做出正确选择，抛掉辉煌的过去，放低身段从容进入了一个新的关系圈，哪怕在这个陌生的关系圈里，他只是地位最低的炊事兵。

人与人之间的交往并没有固定的模式，所以在刚刚进入某个圈子时，主动将身段放低一些总是有利无害的。

◆ 无法传递个人魅力，就是浪费天赋

每个圈子里，都有一些极具个人魅力的人。他们或者优雅，或者美貌，或者谈吐不凡，或者礼貌待人，似乎他们的身上具备源源不断的能量，能产生巨大的亲和力，迅速消除与其他成员的生疏感。这样的人，往往就是人际关系圈中那个耀眼的“1”，人人都想与之建立起友好的关系。

那么，我们应该如何做，才能富有个人魅力，并成为圈中的核心人物呢？

首先要找出自身最具魅力的一面，然后努力增强它。

请注意，我说的是“增强”，而不是“获得”或“产生”，也就是说，个人魅力不是凭空生发的，也不是别人赐予的，而是内在与生俱来的。伟岸大气之人有个人魅力，猥琐卑微之人依然有个人魅力。

个人魅力有多种体现形式，康德的魅力来源于他深邃的思想、马云的魅力在于他的传奇经历、林志玲的魅力来自她的美貌……我们不能强求林志玲也拥有哲学家般的思想，也不能要求一个成功企业家非得相貌英俊。如果一个人拥有不止一方面的非凡魅力，我们只能羡慕他是造物主的宠儿，却很难刻意复制。

举一个很有意思的例子。梁山好汉中，位列五虎上将的林冲，武功盖世，仪表堂堂，且知书达理，知进退，晓大义，在江湖上有很高的美誉度，是圈内兄弟公认的好汉。和林冲同处一个关系圈中的黑旋风李逵，虽然长相粗陋、举止莽撞又不懂礼数，却也同样为梁山兄弟喜爱，甚至他更深得宋江的信赖。

林冲和李逵都绝对称得上是有魅力的人，虽然风格迥异，却都能获得圈内人员的好感，可见个人魅力的表现形式多种多样，而归根结底都是真实自我的外化。

比如李逵，心粗胆大，具有旁人不能及的开拓进取精神，虽然粗鲁无礼，却心性率直，加上鲁莽好战，是梁山当之无愧的先锋官。我们设想一下，这样一位好汉，如果非要改变自身的性格，硬要去学林冲的路数，肯定会变得不伦不类，让人讨厌。

由此可见，我们首先要发现自己最有魅力的一面，然后将它发挥到极致，形成自己的特质。如果你实在拿不准，可以问一下身边的亲人好友，将周围人的意见加以总结，找出自己最有魅力的方面。

也可以说，我们的目的就是将自己身上的优点高度概括，树立一个方便他人识别的形象。当你形成了个人魅力之后，下一个问题则是如何展示，如何将个人魅力传播出去。

“酒香也怕巷子深”，有些明明外表不错、腹中也颇有才华的人却寡言少语，不善于展示和表达自己，这就属于浪费天赋，个人魅力完全无法传递出去，非常可惜。如果说个人魅力的形成需要厚积薄发，并有一定天赋支持的话，那么如何展示个人魅力，让更多的人能感受到，则更偏向于技巧问题。

相信大家在读书的时候，一定参与过类似“校花排名”之类的讨论。也许有些人你并没有见过，但她们的名字却总被周围人提起，以至于见到真人时，你会有“终于见到真人了”的激动。其实这就是最简单的个人辐射效应，某人的魅力或美貌经过周围人的传播，像水塘中荡漾的水波一般，扩散到其他不同的人际关系圈中，很快就达到了全校皆知的程度。

为什么这种例子中，当事人并没有主观推广的意愿，个人信息却能传播如此之快、辐射如此之广呢？这正印证了我们之前所讲的需求关系的重要性，在学校里，漂亮的女生是稀缺资源。校花排名之类的讨论，在学校这种相对封闭的特色圈子里，是很多人都喜欢的谈资。

明白了这个道理，我们要做的就是将这个技巧运用到生活中，把自己的魅力与圈子的共性需求相结合，把自己的优势尽量展示出去。这些技巧并不复杂，之所以大部分人没有去做，是因为缺少主动推销自己的意识。

我毕业后不久，曾在一家规模比较大的企业工作过一段时间，让我印象很深刻的是几乎每周都能收到销售部一名员工的群发邮件。因为隶属于不同部门，我和他之间完全没有交集，所以第一次收到邮件时有些好奇，打开发现是一封感谢信。大致内容是：这个月我取得了公司销售第一名的好成绩，在这里要感谢其他各个部门同事的帮助，还要感谢领导的栽培……

我当时只是觉得这哥们挺诚恳的，也没多想。之后经常可以在邮件列表里看到他的新邮件，几乎都是感谢信的形式，但理由各种各样，比如“上个月我签下一笔数额巨大的订单，但客户要求交货的时间很短，让我压力很大。感谢产品部和物流部的同事们，加班加点完成订单，并顺利交货……”

到这个时候，我依然没有想太多，只是觉得这个哥们的业绩似乎挺厉害的，不过好像过于热情了些，有点自我吹嘘的嫌疑。

直到有一天，和几个朋友吃饭，大家虽然不是同一家公司，但都是同行。闲谈中说起各个公司的情况，在说到销售时，大家居然一致认为“邮件哥”是我们公司，甚至是我们这个圈子里的销售第一能手。让我更加震惊的是，在场的几个人没有一个人是做销售的，也没有一个人认识他。于是我很好奇，详细询问大家为什么会对一个不熟悉的人有这样高的评价，他们思索后告诉我，只要一问到销售，我所在公司的所有的人几乎都会提他的名字，甚至还能说出几个具体的案例。

那些看似无聊的邮件，居然有如此威力——这是我当时的第一反应。

毋庸置疑，“邮件哥”的销售能力肯定是不错的。但让我吃惊的是，他用了这么一个超级简单的办法，成功塑造了完美的个人形象，完成了优势向外传递。如果他没有这个意识，那么只有销售部的成员知道他的能力，但现在，他的个人价值已经传递到整个公司，甚至是整个行业。

可以想象的是，成功的个人形象辐射，可以让自己拥有更多的选择。真实的情况也是如此，因为年轻，进公司时间不长，虽然“邮件哥”业绩很好，但短时间从内部升职的机会不大。可是当同行业其他公司注意到他以后，他的选择就多了起来。“邮件哥”后来顺利跳槽去了另外一家企业，不但薪水大幅提升，级别也随之提高。

◆ 机会来临时，被选中的为什么不是自己

生活中我们常常可以听到类似这样的抱怨："他也就是运气好点，被老板看中，才坐了这个位置……"或者"我就是不会做人，所以领导不愿意提拔我……"这些牢骚大致是说自己只是缺少一个机会，少了点运气，所以才没能成功。

说这些话的人其实没有认真想过，到底是什么原因，在机会来临的时候，不是自己被选中，而是别人获得推荐，赢得命运的转机呢？背后一定有些原因，导致两者人生境遇的差别。

我认为主要有两种情况。第一种情况是被动地被推荐到那个位置上，而推荐人的名字，往往叫作"时势"。

回顾中国近几十年的商业发展历程就能发现，改革开放后第一批下海闯荡并率先发家致富的人，大部分都是没有工作，被主流社会所不屑的"混子"们。他们真的比其他人更优秀吗？显然不是，更多优秀的人早已经进入国家企业，并开始成为支柱人才。

社会向商品经济转型的大时代背景，给了那些本来前途无望的人放手一搏的机会，很多人一夜暴富，开创了让人羡慕的成功事业，但其中大多数人只是被时代洪流推上了事业的巅峰，而自身的缺陷导致他们无法守住这一切，他们的名字很快便消失在历史长河中。

而更多自身素质很高的人，因为缺乏打破铁饭碗的勇气或对时代变化的敏锐度，而失去了站在被推荐位置上的机会。当然，我们无法苛责他们，毕

竟能够拥有这两样超绝能力的人，实在是太少了。

说起来有些微妙，成长环境相对较好、人生之路比较顺利的人，反而容易按部就班地按照预定生活轨迹前行。而成长环境不如意的人往往勇于另辟蹊径，尝试充满风险的新路。这里我只想说明，“时势”的推荐是一种客观存在，它难以把握，并且能否被“时势”选中，含有运气的成分。但我们至少应该有所准备，如果被命运选中，把我们推往更高的位置时，才不会手足无措。这是一种积极面对生活的态度。

第二种情况则要主观得多，和自身在人际关系圈中的表现息息相关。因为是否有人会在关键时刻选择推荐你，把机会给你，直接体现了他人对你的态度。所以说这也是检测你的人际关系水平的好机会。

许多正式的考核，都有严格慎密的选拔标准，例如各种考试、职业资格水准鉴定，这些不在我们的讨论范围之内。这里所说的推荐，不一定是严格意义上的选拔，更多是指在人际关系中他人愿意主动把机会留给你而不是别人。

如何才能给他人留下深刻的印象，让他愿意主动给你机会？

这是一个无法用取巧答案来回答的问题。因为你不知道身边哪个人是下一个可能会给你提供机会的人，这也意味着你的 1+1 人际关系圈里所有其他的“1”对你的评价都要不错。

一个人想要在人际圈里表现出众，一定要能和大家保持长期的良好相处，在关系圈中拥有良好口碑，这需要综合的素质：明确自己在关系圈中的定位，明白他人和自己在关系中的需求，拥有某方面出众的优势，并且有意识地向朋友圈外辐射自己的影响力……

那么，当你成功做到这些，成为朋友圈里经常会被提到的“被推荐者”，是不是意味着你就成功地掌握了1+1交往术，可以在人际交往中无往而不利了？

很抱歉，实际情况并不是你想象的这样简单，因为成为了被推荐者，只是说明你可以拥有更多的机会。这时候，你可能会面临一个新的难题。我们接下来就会说到。

◆ 快人一步，做自己的推荐者

人生漫长，充满机遇。不过实事求是地说，我们无法保证每个机会一定都能抓住。即使机会来到你面前，也会有失手的时候，相信许多读者对此都曾有过深刻的印象。

我们努力经营自己的人际关系圈，得到了大家的认可，机会来临时具有竞争的优势，但也有可能失败。这就好比公司里评选优秀员工，虽然你获得了大家的支持，得到了提名，却在最终一轮的筛选中输给了其他人。

遇到这种情况，如果我们已经尽了力，那就没有必要灰心丧气。也许这个机会确实难得，而且辜负了推荐人的期望，会让你觉得很沮丧。

那么我得告诉你，赶紧打起精神来吧，因为最可靠的推荐人，其实是你自己。

我不是开玩笑，放在这一节的最后说这个概念，是因为它是最重要的。还记得 1+1 交往术中，代表自己的那个“1”吗？自己变得强大后，机会当然会更多，你才是自己最为可靠、最坚定的永久支持者。

现在谈一谈错失机会时应该如何调整心态。首先要做到，对胜出者不嫉妒不眼红，对未推荐你的人也不耿耿于怀，而是借势进取。借势，可以是借你的竞争者离开后出现的暂时空白，也可以是作为失败者借此得到他人的同情和补偿。

前者更常发生在职场等竞争关系明确的场合，比如你和同事甲竞争部门经理，最后对方胜出。那么你在单位同事圈内暂时能获得的“势”是什么呢？那就是虽然竞争暂时失败，但其他人认同你有担任经理的资历和能力，并认可你是部门骨干。你应该保持这种影响力，并主动争取新的晋升机会。

在这个过程中，你首先需要做的是努力将工作做得更好，让自己骨干的地位更加牢固，成为实际工作中不可缺少的核心人物。同时需要学习反省，自己与同事甲相比，弱在什么地方，是业务能力稍差，还是在同事中人缘太差？或者是领导不认可？总之，要发现问题，才能有针对性地弥补。

还有一些暂时的挫败，与个人的自身因素关系不大，多是客观环境导致的，类似之前所说的“时势”。这种情况下只靠努力，没有机遇也不行。比如网易创始人丁磊，20 世纪 90 年代初期，他在大四的时候就去了一家计算机公司兼任网络工程师，毕业后回老家宁波电信局做工程师，属于最早一批接触互联网的人。1995 年，丁磊毅然辞职，先去了广州 Sybase 打工，然后在一家互联网提供商做技术工作。直到 1997 年，丁磊才创办了网易公司。

我们可以看到，作为电子科技大学的优等生，丁磊不缺乏专业知识，也不缺少努力和创业的激情，但在宁波电信局、广州数据公司、广州互联网提供商那里都没能成功，一个重要的原因是当时的时机还不成熟，不管是宽带基础建设还是受众群都不足以支撑起互联网这个新兴行业的发展，直到几年之后，他终于抓住互联网兴起的第一波浪潮这个机遇。可以说，将丁磊推到中国互联网发展史上不可忽略的地位的除了时势之外，就是他自己。

没能成为人际关系中的“被推荐者”并不是最可怕的。丧失斗志、停步不前才是最糟糕的情况。如果发现始终无法获得关系圈里其他人的“推荐”，还有一种选择，就是调整你的人际圈，也许这个圈子并不适合你，新的圈子或许才能真正让你施展才华。

05 沟通得多未必沟通得好

◆ 沟通高手使用频率最高的沟通技巧

人际关系的扩大，最直接的方式就是沟通。沟通是人与人、人与群体之间思想与感情传递和反馈的过程，以求思想达成一致，人际关系和谐。

从定义上来看，沟通包括“传递”和“反馈”两个动作，并不只是单向的信息传输。日常工作中，我们经常听到“某人与某人之间缺乏沟通”“这事必须和领导沟通一下”……

沟通首先得有一个目标，即为什么沟通，可能是双方对某个事项理解不一致，或者是某方存在误解；其次要达成共同的协议，即沟通需要达到的目的，沟通之后可能达成共识，也可能依然存在误会；沟通的方式可以是交谈等信息传递，也可以是思想和情感的交流。

掌握了沟通的要素，我们就能明白，并非所有的交流都是沟通，也不是所有的沟通都能完成人际关系的传递。比如课堂上，老师和学生通过语言（授课、提问、回答、释疑）、肢体、文字等完成对教学内容的交流，但不是完全意义上的沟通，因为老师和所有学生之间不一定都有传递和反馈。有的沟通并不传递人际关系，比如上司和下级就某项具体工作进行沟通，最终达成对这项工作理解上的一致，但他们的人际关系并不会因此有所改变。

因此，沟通只是人际交往的一种常见方式，要真正实现人际关系的有效传递，双方首先要以彼此尊重为前提。比如课堂教学不一定是成功的沟通，更不一定有人际关系的传递。但如果学生和老师在“尊师爱生”的前提下进行良好沟通，那么这种教学也可以是成功的人际关系传递。这就是为什么很多人在毕业参加工作之后，还会去看望拜访自己敬重的老师，这正说明相互尊重对于沟通的积极意义。

若是双方都不具备尊重这个前提，恐怕连基本的沟通都不能完成。生活中这样的例子随处可见：比如刚进公司的职员眼高手低，自以为了不起，对老同事缺乏起码的尊重；新职员在执行某项任务时出现问题，老同事前去解决，并以居高临下的姿态训斥新职员。两人之间相互恶感加剧，不但不能完成人际关系的正面传递，还可能因此导致关系恶化甚至中断。

此外，对信息理解的不一致也会影响沟通的效果。对信息不能达成一致的理解，所谓的交流只能是鸡同鸭讲。在销售公司里常会出现这样的情况：业绩第一的金牌销售员却与顶头上司矛盾不断。矛盾的根源在于双方职位不同、所需不同，导致对同样的信息产生不同的理解。对销售员来说，尽量多地销售产品，获得回款就是自己的职责所在。自己明明谈下一桩大单，销售经理却不签字，主动拒绝这个合作，明显是给自己穿小鞋；而对销售经理来说，可能做出这样的决定也十分无奈，因为工厂的任务已经饱和，无法在此期间接下数量巨大的新单，而一旦不能按时完成，违约责任将会导致巨大的赔偿，这样算下来得不偿失。

两人之间如果能够做到相互尊重前提下的有效沟通，那么销售员能够表示理解，而销售经理也应该积极处理，一方面和生产部门商量，尽快解决问题，另一方面也应该对下属的工作进行肯定和弥补，那么两个人的人际关系就能在沟通中得到正面的进步。

不过遗憾的是，更多的实际情况是，一旦出现分歧，双方就会立即采取敌视的态度，导致沟通无法展开，误会也得不到解释，最终的结果只能是两败俱伤。

良好的有效沟通，有一个重要的标识，就是彼此能够得到及时的反馈。在说到人际关系时，用“传递”而不是“传输”，原因在于前者包括了传输和反馈两方面。普通的课堂教学、开会布置工作，都不是人际关系的传递。

只有沟通双方都实现发自内心的交流，对某个问题发表真实的意见，在充分争论的基础上形成共识，才算完成了人际关系的传递。

大家可以回想一下刚读大学时，来自不同地域的同学分在一间宿舍，大家纷纷自我介绍，谈起高中的奋斗、家乡的美好以及人生、理想等等，其他人及时回应，发表对话题的看法……几个回合下来，便顺利完成了人际关系的相互传递，室友关系圈也就此形成。

我们可以想象，假设有这么一个人，在这种氛围里一声不吭，完全不参与大家的交流，而是闷头干自己的事，那么可以断定，宿舍的其他人都不会喜欢他甚至可能会排斥他。原因就在于这个人对别人的信息传输没有及时反馈，从而导致人际关系传递的中断。

最后，是大家都容易忽略的有关沟通的一个细节，那就是选择最恰当的交流方式。随着科技的进步，从最初的面对面交谈、眼神交流、工作探讨，到后来的互递书信和信物，再到今天的电话、视频和网络虚拟社交工具，人际关系的传递方式越来越广泛，人们完全可以随意选择不同的交流方式和媒介。

但在人际关系传递中，要注意交流方式的选择。比如年长一点的人可能更喜欢面谈、电话交流，而年轻人更热衷于 QQ、微信等网络工具。对圈子内的核心人物，如长辈、上司等，以及相对重要的事情，最好不要用短信、留言等方式交流。也许你会认为这没有必要，但在人际交往中，考虑得周到一点绝对是有必要的，一次当面拜访比你发十条短信、打七八个电话都更有诚意，也可以让交流更顺利。

◆ 那些没有显现出来的沟通信息决定沟通成败

我的博士生导师讲过他去美国做访问学者时的一段经历，很有意思，这里和大家分享一下。

刚到美国时，老师受到当地学校同事们低调但热情的欢迎，原来大家都收到学校发的“中国某老师即将来我校访问，望竭力提供帮助”的电子邮件，纷纷前来询问关心，并热情提供租房、买二手车、翻译、购物等指导和帮助，让身处异国他乡的老师非常感动，在某日的讨论会后向大伙表示感谢，并随口说等周末有时间请大家吃饭。

到了周末，老师正满头大汗地忙着收拾凌乱的房间，外国同事陆续前来拜访，而且每个人均带了一些小礼物，或是一束花，或是一瓶酒，或是一支笔……老师这才恍然大悟，之前说过请大家来做客吃饭，自己随口一说，但这些美国人显然是当真了。好在冰箱里事先备足了食物，当即下厨做了一顿中餐，这才避免了尴尬。

我们知道，这样的状况其实是两国的文化差异所致，交流出现了问题。

这里我想提到“潜台词”这个概念。在我们平常生活的语境中，潜台词会随时出现。它是指在某一表达的背后，所隐藏着的那些没有直接、明白表达出来的意思。

顾名思义，潜台词是没有直接表达出来、需要分析思考才能得出的信息。潜台词也并非深不可测，只要掌握传递人的生活习性和表达习惯，结合当时的场景，了解一些人际交往的基本常识，读懂潜台词并不难。

大多数潜台词很容易读懂

最浅显的莫过于员工向上司汇报工作，上司并不急于表态，而是说：“先这么着吧，等我抽时间和老板商量商量再答复你。”“我考虑考虑再说。”这时的“商量”“考虑”往往是一种托词，意味着上司基本否定了你的意见或建议。工作中，你可能请求某人帮忙修改一个计划书，对方不假思索地说：“好的，等我空下来就帮你看看。”此时，你千万不能认为对方已经答应了你的请求。

有的潜台词需要结合肢体语言来理解

肢体语言常会不经意地流露出讲话者的真实想法，只要仔细观察不难发现。假设你在周末组织家庭聚会，并准备邀请上司参加。但上司接到你传递的信息后，并没立即作答，而是皱起眉头，一边掏出手机拨弄，一边说：“等一下，我看看有没有安排，哎呀，真不巧，这周末可能要陪孩子练琴……”

其实结合皱眉头和看手机的肢体语言，潜台词已经很明确，上司不想参加你的聚会。那么你就不需要再继续努力邀请他了。但如果上司立即回馈了你的信息，说明他可能真有安排，你完全可以再争取一下。

有的潜台词需要放在特定场合

不同的语境下，会出现不同的潜台词。公司同事圈组织开展拓展训练，自小酷爱体育运动的小郭被安排在领导层一组，他表现得生龙活虎。而领导们都上了年纪，面对各种挑战显得有些力不从心。此时，办公室主任走过来，拍拍小郭的肩膀说："小伙子身体素质不错嘛，所有人都远远落在你后面了。"在这个场合之下，主任的潜台词已经很明显了：小伙子你身体素质再好，也该悠着点，总不至于让领导们难堪吧。如果小郭及时读懂了主任的潜台词，就会收敛自己的行为，不再继续出风头，以免让领导们显得狼狈。

有的潜台词晦涩难懂，需要动一番脑筋

不少传递者碍于身份或顾及第三者，不便于将话说得直白，接收者必须仔细琢磨。作为圈内人，要多观察总结，掌握别人的表达习惯和方式，才能迅速读懂潜台词。陈庆在一家户外广告公司供职一年多，最近朋友给他提供了一个信息，一条即将通车的高速公路有不少优质的户外广告位。陈庆的老板得知后也很有兴趣。但在谈判过程中，老板故意不提优质广告位，却对那些位置不佳的广告位产生了浓厚兴趣。甲方满脸高兴，而陈庆却迅速读出老板传递给自己的隐含信息密码——借劣质广告位打压优质广告位的价格。陈庆配合老板，让甲方将劣质广告位几乎白送，而优质广告位的价格自然也降了下来。

读懂潜台词，也就是隐含的信息密码，需要日常的训练和积累，只要做生活的有心人，多思考、多学习，你就会快速明白地读懂密码，在人际关系中如鱼得水。

◆ 使用正向情绪，高效传递人际关系

在实际运用中，关系传递往往经历了一个非常复杂的过程，其中既有双方心理变化的主观影响，也存在环境和其他因素的客观影响。打个简单的比方，和一件实物产品的形成一样，关系传递也有接收、加工、生产三个过程。

接收指人与人在交流时，一方将获得的信息存储起来，这些信息多为见到的文字、图画，听到的声响，嗅到的气味，触摸到或体会到的感觉，这些都是客观存在的。而这些信息进入大脑后，经过充分过滤、筛选、比对、关联等加工程序变成自己的想法。最后进入生产阶段，即把自己的想法变成语言、神态或动作传递给另一方。当另一方接到信息后，开始另一次反向传递过程，就完成了关系的双向传递。

“酒逢知己千杯少，话不投机半句多。”这其实说的就是人际关系传递效

果的好与坏。成功的人际关系应该是双向传递的，判断标准并不复杂，主要表现在传递的双方实现良性互动，在对他人和某个事件的理解和看法上达成高度一致。

我们经常听人说“没办法，我和他就是聊不到一块”，或者“这人很好，和谁都能相处融洽”。为什么会出现这两种截然不同的结果呢？答案是，人际关系的双方或某一方没有正确运用双向传递。那么正确运用双向传递应注意哪些方面呢？

首先是气氛的营造和控制。影视作品中，出现决战的场面时，大多会把时间选在落叶萧瑟的秋天，地点选在没有人烟的荒郊野外；而恋人会面，通常会选在富有浪漫气息的海边、高档餐厅等。你会觉得在这些地方做这些事是理所当然的，这就是气氛的作用。

与人交往，不管是陌生还是熟悉，挑选一个合适的环境很有必要。社交能力强的人会利用周围的环境来把控现场气氛。比如在茶楼里，双方交流中出现怀疑、批评、责备等负面情绪时，可以暂时中止交谈，以斟茶、上厕所、让服务员上点心等方式来作为缓冲，调解紧张气氛。

不过气氛毕竟只是辅助，很多时候关系传递出现问题，在于当事双方的技巧运用不当。下面的几个方面是最容易出错的地方，大家可以参考一下。

低调但要自信

最理想的状态是无论交流对象是达官显贵还是平头百姓，你都能平等而认真地与其对话，这样的低调是建立在自信基础上的，要做到不卑不亢、有礼有节。不过千万要记住，低调并不意味着沉默少言。

站在对方的角度思考问题

影响关系传递的很大原因是过于自我，即很多人只以自己为中心，而不尊重和体谅对方。作为师长，咄咄逼人地刻薄训斥学生；作为同事，自私自利，哪怕给别人工作造成麻烦也没有半句好言好语；作为下属或晚辈，行为举止毫不尊重前辈……这些都是失败之极的举止，只能造成关系的一维传输，让对方不愿反馈，从而导致关系传递的失败。

站在对方的角度思考问题有一个莫大的好处，就是当你设身处地为对方着想时，就会知道用什么样的信息才能打动对方，让对方自觉回应，从而建立起良性的关系传递。

但是同样我要提醒的是，为对方着想，并不意味着无原则地让步。当你释放出好意，为他人考量，却没有得到善意的回应，甚至换来了对方贪婪地一再索取时，一定要果断反应是否需要终止传递！

现实生活中，很多人际关系传导中断很可能源于某一方的健忘或误解，遇到这种情况时不少人会采取消极态度。比如别人借了你几百元钱，但之后就没下文了。这种情况下你也许会认为对方是故意拖欠，却因为钱不多，顾及面子开不了口去催促提醒。而你心里却愤愤不平，胡思乱想，就会产生一些负面念头，比如“对方看来是不值得交往的人啊”之类。如此一来，双方的人际关系就渐渐走进了死胡同。其实也许对方的确忘记了，你稍加提示，他就能想起来。就算对方真的存心赖账，那么你提示后得到明确的回应，也正好干脆地将他从你的人际圈里去除掉。如果只是自己在心中反复猜测，不但让自己很不开心，同时也会让你与对方的关系变得极不稳定。

做一个优秀的提问者和听众

提问是交流的重要方式之一，恰当的提问可以引导关系的传递，而要成为一个好的提问者并不容易。这涉及把握提问时机和技巧的问题，比如对方出现欲言又止、闪烁其词时，肯定有什么顾虑影响了交流，你完全可以乘胜追击，让交流不至于中断。当然，如果这种顾虑是因为涉及对方或他人隐私之类不便回答的问题，那就应该学会闭嘴。

提问不是件简单的事，大家可以多注意新闻采访节目，只有极少数的优秀记者和主持人才能利用提问不断把控现场的氛围和节奏，且每一个提问都能调动起对方的注意力和回答欲望。

就算暂时不能成为一个优秀的提问者，我们至少可以做一个好听众吧。不要小看这个要求，人是感情动物，不可能如机械一样保持绝对理性，在与人交流过程中，专注地聆听、感受对方的情绪并加以自然的反馈，同样可以调动对方的情绪，达到人际关系的良好双向传递。

◆ 及时遏制人际关系传递的衰减

正如电流的传导会因距离产生损耗，人际关系的传递也会因各种原因导致衰减。

导致衰减的原因有多种，最容易发生的是信息本身出现偏差。这种情况在相亲中很常见，在中间人的介绍里，男的都是高大帅气，女的都是清秀文静。其实中间人也是出于好意，在言语中进行了一些美化，但有时候描述过于夸张，当两人真的见面时，就会产生心理落差反而导致接下来的沟通不如人意。

在人际交往中，有一个有意思的地方，那就是人们更倾向于选择自己所期望的信息，甚至主动对信息进行加工。一个人在和谐美好的环境中成长，会将别人都想象得很美好，会主动选择相信别人身上善良的、道德的言行；而长期生活在尔虞我诈中的人，对所有人都会做出反面的预判。不管是哪种情况，都会或多或少影响你真实的感知。

即使是对于同种信息，不同的人也会做出不同的解释，这源于自我评价标准的不同，比如对于一个做事大大咧咧的人，有的人会认为此人豪爽大方，值得结交；有的人却认为他粗鲁失礼而心生厌恶。

情绪状态不同也会导致关系传递衰减。情绪状态能左右接收和传送的信息，更会影响信息理解和反馈。情绪紧张激动的人，不容易接受负面意见，甚至觉得正面的建议也是刺耳的。比如一个人不久前被朋友欺骗，自然就会产生防范心理，在与陌生人的交往中常将当前的状况与以前的遭遇联系起来，变得更加谨慎多疑，不容易对他人建立起信任感。

此外，关系圈成员的身份不同也可能导致关系传递的衰减，最常见的是性别的影响。男人和女人的身心特征的不同会影响他们对相同事件的处理，举个最简单的例子，大多数人会认为吃饭买单是男人的事情，女人表现吝啬一点会被原谅，男人吝啬则是不可原谅的。在亲密关系上，男人之间可以发展为铁哥们，女人则成为闺蜜，但男女之间如果有亲密关系则容易被人误会。此外，地位的悬殊也会让关系传递受到影响，如童年时代的好兄弟，可能因为成年后社会地位不同而逐渐疏远。

找准原因后就要解决问题。要防止关系传递的衰减，可以有针对性地采取对策：

尽量避免传输“坏信息”

信息是个中性词，本身不存在好坏之分，我们这里不妨将影响人际关系的信息叫作“坏信息”。进入某个关系圈之前，圈内部分成员可能已经通过第三方的介绍或查阅资料对你有所了解，你要尽可能地规避这些“坏信息”对你产生不良的影响。比如你去相亲时，可能对方听说你的学历不高，并对此非常介意。那么你在坦然承认之余，可以介绍自己工作方面颇有建树，虽然当年读书时成绩不是很好，但现在依然事业有成，且富有生活情趣等等。总之就是用其他信息尽量冲淡坏信息对你的影响。

调整心态，控制情绪

海之所以能纳百川，在于它有宽广的容量。在传递关系时，不要总想让别人对你的观点心服口服，也不要张扬自己的成就，始终保持心态平和，才容易接纳和亲近对方。千万别带着情绪与人交往，以防出现错误的信息传递。如果最近因为重大事件导致长时间悲伤、忧郁或者激动，应选择其他的交流时间，如果不能延期则要努力调整情绪。

注意关系圈成员的身份

不管时代如何发展，在我们的传统观念里，男女有别是不争的事实，因此在男女交往时一定要注意把握分寸，在传输信息时有所顾忌，比如最好不要询问女性的年龄、体重，最好不要随意问及男性的收入。身份悬殊的成员之间则要排除其自身带来的干扰，比如和上司或前辈交流，不可能如普通朋友一样随意表达，就必须认真倾听，分析每个信息可能隐藏的成分，才能确保关系传递不发生衰减。

06 / 你不缺人脉，只是使用不当

◆ 没有人羡慕单打独斗的英雄

即使你在某个人际关系圈中已经处于核心地位，也不要与其他所有人为敌，一定要拥有足够数量的盟友。一个人的能力再强，但若是他与人际关系圈中其他所有的“1”关系都不佳时，则意味着在这个关系圈中他是无用甚至是有副作用的。这从一个侧面再次证明了良好的人际关系的重要性。

这里我们讲一个人际关系的反面例子：三国时期的大将魏延。我们可以看看他是怎样一步步成长为蜀国大将，又是怎样走入穷途末路，最终落得个身首异处的下场。

魏延是河南信阳人，在刘备入川时带领手下入伙，后在川内颇有战功，升为牙门将军，得到刘备器重。他战功赫赫，曾带兵攻克川西重镇雒城（今广汉市），并与诸葛亮等人协力拿下了成都。刘备称帝后，魏延被封为镇远将军，镇守蜀汉的北大门，顺利进入蜀汉政权最高核心层的圈子，成为重要人物。随着蜀汉政权的巩固，魏延先后被封为镇北将军、都亭侯，位列五虎上将，待遇不比关羽、张飞等绝世名将差。其后魏延带兵多次大败曹军，风光一时。

魏延进入蜀汉高层的圈子比较晚，但晋升比较快，属于典型的能力强但资历浅。魏延本来就遭到圈内老将的排斥，又加之他性格高傲、容易得罪人，进一步恶化了他与圈子其他核心成员的关系，可他却不以为意，依然我行我素，到后期甚至质疑诸葛亮胆小不敢用兵。刘备去世后，他失去了最大的政治靠山。最后，在和杨仪争权中被杀，并在史书上落下一个“叛将”的名声，留下千古骂名。

魏延到底是不是真的想背叛蜀汉？这个问题无法争论清楚。但我们必须承认，他的结局无疑是自己的性格造成的，对手杨仪能拉拢多人来反对他，无论是从道义上还是从口碑上，魏延都处于下风。他的失败在于虽然花了大半辈子心血进入圈子的核心，却忽略了人际关系的经营。若论骁勇善战，蜀汉集团无人比得上魏延，因为能力超群，他一直被诸葛亮寄予厚望。但遗憾的是，魏延气量狭小，树敌过多，可以说是一手将大好前程葬送。

现实中，我们在人际交往中即便犯错，也不太可能造成像魏延这么严重的后果，不过我们应该看明白其中的道理：要真正成为人际关系圈中不可缺少的“1”，应该多些盟友，少些敌人。

在身边的创业者中，我不止一次见过这样的事：有些人白手创业时身为核心人物，但在事业渐渐做大时却出局了，在成功前夜成了黯然的失败者。其中有些人是斗争失败后被迫退出，另外一些人更为可惜，往往是不善利用人际关系，面对危机应对不当，主动让出了那个“1”的位置。

我认识的一个朋友，就是这种情况。他和几位伙伴一起创业，负责销售方面的工作。当事业蒸蒸日上时，几个合伙人之间开始俗套地上演典型的“中国合伙人”的一幕。当他发现大家开始有意识地针对销售部门时，并没有果断地做出反应，而是任由其他几人联合起来对付自己。先是逐步削减销售部的权限，接着进行制度改革，削减销售提成，变相降低销售部成员的薪水，最后找借口对他的几名得力手下进行严重处罚。

他的失误首先在于，没能及时和其他保持中立的伙伴沟通来改变当前局面，而是认为所有人都是敌人，想一个人对抗其他所有人。其次是对这一系列行为没有做出合理的应对，最终导致自己的部门在公司的话语权大减，得力的手下也纷纷离职，越发在公司内部失去了话语权。结果是，自己逐渐被边缘化，失望之下黯然离开。

而作为销售部的老大，这个圈子的核心人物，他的另一个严重的错误，就是没有勇敢地担责。作为领导，所要承担的责任必然包括要为下属争取利益。如果做不到这一点，会令下属失望，也就等于自己从核心的“1”这个位置上退出了。

我们需要更多盟友，并不是为了从他们那里得到帮助，最根本的目的，是不要和他们成为敌人。

◆ 不要为小利牺牲人际关系

我曾在报纸上看到过一个关于人际关系问题的调查，记者采访了1000多人，最终的调查结果显示：认为人际关系难处理的占80%左右，而认为自己人际关系处理得好的不到30%。这个调查受访者大多数是“70后”和“80后”，他们基本一致认为人际关系正在逐渐被金钱和利益绑架。

七八十年代出生的一代，现在已经是社会主流群体。特别是80年代后期出生的人，大多为独生子女，特殊的成长环境导致他们自我保护意识较强，所以都比较独立和自我，在日常活动中，他们喜欢参加陌生网友组织的活动，却厌倦传统的同事圈、邻里圈、亲戚圈和朋友圈。究其原因，正是网友圈好聚好散，基本实行AA制，不牵涉过多的利益关系。传统的关系圈就不一样了，访同事、走亲戚、串门子，需要起码的见面礼，婚丧嫁娶则更讲究礼尚往来，各种礼节太让人纠结。

可能有很多读者也有这样的认识：很多交际太麻烦，不但花钱，而且没有立竿见影的效果，还不如不参加。这个想法是不对的，身在集体之中，努力学习为人之道是必需的。不能因为请客送礼的“小利”和迎来送往的“麻烦”远离关系圈，以致丧失了基本的人际关系，这是因小失大。

也许有些刚刚毕业的朋友会提出异议，毕竟刚从学校毕业，工作后的第一份工资不会太高，又要面临独自生活带来的许多花销，因此进入职场后那些请客送礼就是麻烦事儿。庆祝找到工作要请原先的同学吃饭，生日要请客，同事家婚嫁葬丧、孩子出生满月都要凑份子……积少成多，确实让人有些为难。所以不少人干脆一概不参加这些活动，落得个眼前清净，可凡事总是有利有弊，这样做的结果就是慢慢淡出同事圈，逐渐被边缘化。

既然这是一个让人困扰的两难问题，我们不妨做个具体的分析。首先，要对利益和“小利”的定义作一个比较。

利益具有普遍意义，会对个人生活造成影响，比如薪酬、五险一金、合法假期等等。小利则往往无关痛痒，比如请人吃饭或随份子之类，它往往不会对个人生活产生严重影响。在人际关系发生冲突时，两害相权取其轻，最好还是牺牲小利保证人际关系良性发展。

维持人际关系往往会牺牲很多个人利益，金钱是一个方面，更多的是时间和精力。这些恰恰都属于情感投资的一部分，而处于事业起步阶段的年轻人不但缺钱，也需要时间和精力。如何解决这个问题呢？

首先，要分析你的优势

从你可支配的金钱中划出可承受的一部分，配合你的精力和时间（相较于有家庭的人来说，时间和精力可算作单身的你的一大优势），形成自己的“优势”。

其次，要瞄准最主要的人际圈

可以把人际圈分为主要、中等、一般三个档次。

主要档关系圈应包括家人、朋友、要好的同事等，需要用“优势兵力”做最大投资，此时绝对不能顾及“小利”。家人不必说了，无论金钱、时间和情感，你都必须义无反顾地绝对投入。朋友和要好的同事往往是个人成长和事业进步的重要支撑，在他们需要的时候必须毅然决然牺牲“小利”，包括金钱的付出和行动上的支持。

中等档关系圈为重要客户、上司等，这些关系比较重要，需要主动结交和维护，在不损害个人较大利益的前提下，要尽可能地付出。从小处说，与上司或客户出差，尽可能帮他们提行李，将航班靠窗或火车下铺的位置让给对方……可能会让你的“小利”受到影响，但收获肯定会更大。

一般档关系圈里有仅仅见面打招呼的普通邻居、熟人、一般同事等，对这部分关系则需考虑“小利”是否值得牺牲。因为你将他们划入第三档关系圈，这也意味着，在他们眼中你同样属于这个档次的关系圈，因此，即便付出很大代价和努力，试图拉近关系，他们也可能实际上根本记不住你。

最后，要跳出“利益”看关系

不管社会关系如何复杂，每个人内心都是排斥利益，特别是金钱利益交易的。比如，有人通过送礼得到了人际关系，促成了某件事情，但收礼的人并没有因此和送礼人产生很深的感情，二者之间的关系仅仅停留在第三档关系圈。

必要的时候可以牺牲小利，但同时要注意这个问题的另外一面，那就是不要被眼前的蝇头小利所迷惑。

◆ 从看似无用的关系中寻找长期发展机会

有很多人曾在我面前倾诉关于人际关系的苦恼。让我印象深刻的是，有个出身普通工人家庭的年轻人，大学毕业后来到陌生的城市，亲戚朋友也都是普通人，不能给他扎根这个城市提供什么帮助。而同单位的其他新人，有的是家里在当地颇有根基，有的是父母有钱，入职第二天就忙着买车买房，融入这个城市是水到渠成的事儿。他茫然地问我：我在这个城市一个认识的人都没有，并且无权无势，该如何从无到有地发展自己的人际圈呢？

这种迷茫其实非常典型，因为他对人际关系的理解方式不对，进入了一些误区。其中最常见的就是认为人际关系必须具备一定的基础。诚然，那些所谓的“官二代”或“富二代”，天然具备丰富的人脉资源，但人际关系本身正如一株植物，你完全可以靠自己将它从种子培育成大树。首先要记住，任何人的人脉资源都不可能是零，以这位小伙子为例，尽管当时他的人际关系一穷二白，但至少有家人、一两个同学，即便二者都不能提供帮助，他肯定有同事、有室友，哪怕是房屋中介人员，都可以成为人脉种子。

人际关系的好坏，不取决于基础，取决于是否主动培养和维护。

还有的人会将不成功的原因归结于认识的人太少，很羡慕那些八面来风的朋友，认为他们关系多、门路广、办事顺利。

这其实也是一个误区，长袖善舞、八面来风的专业性交际人才毕竟很少，大多数人的基础关系圈只有不多的联系人。英国牛津大学人类进化学教授罗宾·邓巴曾研究出了“邓巴数”理论。这个理论简单说来就是不管一个人是否热衷交际，他能记住的联系人基本会限制在 150 人以内。因此，不要眼红那些活动中的焦点人物，虽然交换了大叠名片，记下了批量的电话号码，实际上他的社交圈也只能保持在 150 人。因此，“结识新朋友，勿忘老朋友”不过是一句歌词。

所谓人脉的强弱，重点在于人与人之间有无对等的交流与互助，而不在于人数的多少。

随着成长和进步，每个人都会淘汰旧朋友，认识新的朋友，人脉的强弱最终决定于你是否优秀。比如，你是公司的一名普通文员，不管你加入了多少个关系圈，你的人脉依然局限于你的工作范围之内。但如果在工作之余，自学考上硕士研究生，你的同学圈就会发生改变，人脉资源就会在不知不觉中变得更加优质一些。

请注意，到这里，我们又很容易进入一个误区：必须发展“有用”的关系。

我们通常可以看到，不管什么圈子，那些最受欢迎的人往往非富即贵或者声名显赫。这不难理解，因为他们能提供及时有用的人脉资源。比如从有钱人那里获得资金支持，从贵人那里得到提携，从名人那里借到光环等等。实际生活并非如此，人们往往忽略了一个真相：三人行必有我师，关系圈的每个成员都“有用”，很多时候真正为你提供帮助的恰恰不是那些“富人”“贵人”或“名人”，而是貌不惊人的普通朋友。

为什么这样说呢？每个人都在追名逐利，那些拥有财富、权势和名气的人也不例外，你试图从他们那里获得资源的同时，他们也在考虑如何获得对自己有用的资源。

而不能对等或互补的人脉，终究是毫无意义的。IT 界经常上演神话，不少幸运儿很快与网络大鳄或资本大亨搭上关系，凭借一个小小的网站一夜之间成为创业板上市公司的老板。他们之所以能进入网络大鳄或资本大亨的关系圈，“有用”的人脉可能起到作用，但根本上还是因为互利，即自身有让人投资的资本和潜力。

在发展人脉时，不要只想对方现在是否有利用价值，也不要在乎目前的利益，而应该真正深入下去，从对方身上获得能为自己成长提供帮助的养分。

最后一个常见的误区，则是发展人脉只为借力，却从不付出。这与前面讲的其实是同一个问题的两个方面。不少人以为人脉是商品，需要就拿来用。真正的人脉高手并不总考虑如何借力，而是尽可能地帮助别人，在他不求回报地帮助别人时，别人反而会在他需要帮助时，及时主动地站出来。

20 世纪 80 年代，万达集团董事长王健林先生从部队转业，被任命为大连市西岗区政府办公室副主任，主动接过负债 100 多万元的大连西岗区住宅开发公司这个“烂摊子”。王健林对公司进行大刀阔斧的整顿，开展棚户区改造，当年就让公司扭亏为盈，个人也获得政府 15 万元的奖励。这笔钱是单独奖励给他个人的奖金，王健林却出乎意料地决定将这笔钱分给全体员工。王健林临危受命为政府和百姓分忧，得到政府和企业关系圈的人脉，同时又无私地让员工享受利益，获得手下的坚定支持。王健林的付出，得到了良好的政商关系和稳定的团队支持，为日后企业做大做强打下了坚实的人脉基础。

诚然，我们投资人际关系，本质是为了交到更多朋友，得到更多帮助，但这并不是说我们认识的每一个“1”都要马上利用起来，带着这样功利的心态，是无法真正处理好自己的人际关系的。

◆ 人际交往不过是四大原则的实践

在人际交往中，彼此尊重、互相谦让是必要的，但必须坚守原则和底线。为了照顾人际关系，做出毫无原则的让步，不但不会得到真正的人脉，还可能给自身带来危害。历史上有多少奸臣贼子，上台后丧失原则地拉拢、扶持党羽，一人得道鸡犬升天，好不风光，但最后往往落得众叛亲离、树倒猢狲散的下场。

无规矩不成方圆，每个关系圈都有它的规矩，但总的来说，人与人相处跳不出几大原则。

第一个原则是分清上下主次

也有人将平等原则放在第一位，认为在人际交往中要坚持人人平等，其实这与处理好上下级关系、主次关系不矛盾，因为这里所说的平等是人格上的平等，但因身份地位、入圈先后等形成的不平等也必须要考虑。

每个成员各安其位，各司其职，才能维持一个圈子的平衡，如果不遵循这个原则，平衡就会打破。

亲友圈，讲究长幼有序，现在有的长辈溺爱晚辈，视孩子为太阳，而晚辈也变得目无尊长，这样的教育是失败的，所在的圈子也是不稳固的。同事圈，讲究上下有别，对上司和年长同事要尊重，对他们的命令、安排或指导，要服从并努力完成。很难设想，一个整天对上司横挑鼻子竖挑眼的职员能拥有良好的人际关系。而实际上，无论如何庸常的上司，都不会容许下属一次次挑战自己的权威。

第二个原则是注意把握距离

这里的距离指人与人之间的交往适度。与圈子内每个成员之间的关系不可能一样，有的会很亲近，有的关系平平，如果要拥有良好的人际关系，切不可与某些人走得太近。

作为个体，首先应与异性把握好距离。同事就是同事，最好不要过多超越同事关系，除非想发展恋爱关系（只限于单身异性），否则会让人浮想联翩。与同性同事也不可走得太近，毕竟你们的关系仅限于工作交往，关系太近会影响工作的开展，上司也可能会注意到你们的关系而故意让你失去一些机会。

第三个原则是坚持底线

底线有两种，一是做人的底线，一是做事的底线。每个人的底线不一样，但二者都不能超越法律法规的红线。做人的底线因每个人的承受力和价值观不同而不同，如有的人允许别人开玩笑，但不能侮辱父母、妻儿；有的人可以为朋友付出一切，但不容忍朋友忘恩负义；有的人可以为别人随时鞍前马后，但不允许别人侮辱他的尊严……做事的底线，除法律法规外，还应该坚持道德底线，不能损害他人的利益。

我有一位作家朋友，他的底线是不借书和钱。书非借不能读，而钱可救一时之困，因此很多人觉得此人不可理喻。但细想一下，人与人之间很多矛盾往往因借钱而生，借钱的人因借钱不得（或不够）而生气，被借钱的会因借出去的钱迟迟没有归还而忧心。而书则因价值和使用价值不对等而容易制造矛盾，爱书之人会对几元钱的一本书敝帚自珍，不爱书的人常常有借无还，觉得只是几十块钱的小事而已，这就有了矛盾。所以我们不但自己应该坚持底线，同时也要注意到每个人的原则底线不同，应该尽量尊重。

第四个原则是对事不对人

在人际交往中，这可以算作原则，也可以当成方法。比如同事圈里，有的老板虽然作风严厉，批评人不留情面，但仅限于工作之中，八小时之外，他可以与下属喝茶聊天、疯狂 K 歌，甚至随便开玩笑。这样的老板不但不会影响同事关系，反而让同事圈气氛非常融洽。只是大多数人做不到这一点，这是因为对自己的情绪管理做得不好导致将工作中的好恶带入对人的批判，或者因为对别人的个人性格不喜欢导致对他的工作的判断也有偏差。

比如有下属业绩糟糕，行事有些冒失，虽然比较努力，但老板对他的印象不好。某日，这位下属身患疾病，老板不但自己不去探望，也不批准其他员工自行组织请假探望。这种做法就是混淆了“事”和“人”的关系，令当事者伤心，让其他员工寒心，这个公司的同事圈关系也就好不到哪儿去。

◆ 如何高效地运用你已有的关系圈

我们谈到人际关系的双向传递时，主要说的都是正向传递，现在谈一下反向传递。有的人总是擅长反向传递关系，这样不但对自己，甚至对整个人际关系圈都会造成极大的危害。不客气地用句老话“一颗老鼠屎坏了一锅粥”，说的就正是这种人。

我们可以通过一个例子来理解反向传递。

城市里的各个居民小区都会形成自然的邻里圈，圈内交流频繁的成员多为退休大爷和大妈。某日，王大妈带小孙子在楼下遛弯，小孙子去逗张大爷的狗受到惊吓，王大妈爱孙心切，大声呵斥小狗，张大爷急忙道歉，两人虽然发生了一点争执但很快和解了。

旁边散步的李阿姨正好路过，只看见王大妈呵斥张大爷小狗的情形，于是逢人便说张大爷不看管好宠物，而王大妈得理不饶人。小道消息的传播导致其他人对王大妈和张大爷都有了一些负面看法，而两位当事人的邻里关系更是在圈里人的议论中恶化。

李阿姨的行为正是人际关系的反向传递。

那么，怎么做才是正向传递呢？其实很简单：李阿姨应该上前去询问和调解，并打圆场帮助二者修复关系。类似的情况在许多人际圈里都能见到，看起来没什么危害，可以不用理会，但如果碰巧遇到一些被严重曲解意思的事时，就很可能产生更严重的不良后果。

反向传递人际关系一般会有如下行为，我们一定要及时辨别，设法规避。

人为制造矛盾

在圈子内故意制造矛盾的，就是我们俗称的小人。他们往往出于一己私利，或品行低劣，或心存不可告人的目的，在圈子内挑起事端。

最典型的莫过于东汉时期的美女貂蝉，依照主子王允的安排，在权臣董卓和猛将吕布之间施行连环计。王允先把貂蝉暗地里许给吕布，再把她献给吕布的义父董卓。貂蝉周旋于两个好色之人之间，一会儿对董卓诉说衷肠，一会儿向吕布表达爱意。貂蝉还故意设局，让吕布趁董卓上朝时前来与自己会面。她对吕布反向传递董卓霸占自己，待董卓回府撞见吕布后，又向董卓诉说吕布调戏自己。通过几次反向传递，董卓和吕布之间的矛盾越来越不可调和，吕布最终杀掉了董卓。这种计策是非常恶毒的，虽然它针对的是奸臣，但是施计者貂蝉和王允的命运也没好到哪里去。

只看反面不看正面

前面提到的李阿姨就属于这种情况。这种人往往只看问题的一面，喜欢断章取义。

比如某同事被老板狠狠地批评了一顿，同事也辩解了几句，恰好被另外一个同事看见，这位同事便认为前者顶撞上司等等，幸灾乐祸地四处宣扬，搞得前者非常尴尬。后来真相大白，这位反向传递关系的同事自然不被上司和其他同事待见。因此，很多事情不能只看表面现象，我们一定要多看多思，发现真相，积极传递正向人际关系，主动维护圈内关系。

放大矛盾

这种人唯恐天下不乱，可以将芝麻夸大成西瓜。别人只在工作中有了几句争论，他却添油加醋地说两个人不共戴天，都差点打起来了。别人稍许吐露对某人的不满，他立即找出某人的种种不是，比如某日借钱不还，某日骗吃骗喝等等，无端抹黑。他的本意可能是想借恶化二者的人际关系，达到亲近对方的目的，但如果夸张的成分被对方知晓，则会落得个里外不是人的尴尬境地。

传递矛盾

传递矛盾不是传话，而是将矛盾关系传递给别人。比如，甲将照相机借给乙，乙不但迟迟不归还，还把镜头弄脏了，交还时也没有表示任何感谢。甲应该做的是直接问乙为何将镜头弄脏，是否应该赔偿等等，但甲没有这样做，表面上不动声色实际上却怀恨在心。后来，甲在关系圈内大肆宣扬乙如何不讲信用，借东西不还，与自己有了矛盾，劝其他人引起注意。

甲本来是受害的一方，但他将自己与乙的矛盾以这样的方式传递出去，会在关系圈内造成很不好的影响。事实上，我们有时候也会和甲一样，与某人发生矛盾后不想办法调解，而是找人诉说，试图将矛盾传递给第三者。殊不知，作为局外人的第三者对此十分反感，且这个第三者若与矛盾对象关系密切，这样做的结果反而是让自己难堪。

详细给大家介绍反向传递的常见行为，是想引起大家重视，在关系圈内尽量实现正向传递，而不是挑起矛盾、制造矛盾，影响人际关系，从而让自己的人脉资源受损。

Social Offline
线下社交

CHAPTER 2

1+1 的魔力

——小圈子，大社交

CHAPTER 2

01 / 找到你自己的“最速曲线”

◆ 列一份目标清晰的人际关系表

多伦多大学教授罗伯特·豪斯（Robert J. House）长期致力于企业管理研究和咨询服务，并提出了“目标–途径”理论。在这一理论中，他提出目标导向是根本所在。

目标导向源自期望理论，即个人的态度取决于他的期望值的大小和通过自己努力得到这一期望值的概率高低。

研究目标导向的本来目的，是要弄明白作为关系圈的领导者，应该如何帮助部下找到实现期望的动力和路径。不过并不是所有人都会成为关系圈的领导，也不能奢望每个领导都能帮助你做到以上两点。

但我们可以将这个概念引申开来，变成另外一个问题：如何利用目标导向使自己的人际关系达到自己期许的目标？

首先，要适时调整和细化目标。不管成文的还是口头的，每个关系圈都会有一个最终的远大目标。如有的亲友圈，会制定出让家族兴旺发达的目标；书法爱好圈，制定了让每个成员都提高书法水平的目标；在常见的同事圈内，也有各种年度计划、五年发展目标，或者是让企业做大做强，成为行业领头羊，若干年后在创业板上市，成为跨国大型企业。如此等等，不一而足。

决策层会用这些大目标形成口号和企业文化，让员工努力工作，推进企业发展。但作为企业或单位这个圈子里的普通成员，很快就会对这种过于遥远的目标导向失去激情。员工们最关心的事还是眼前利益和个人发展。

所以好的企业会制定各种激励机制，调动员工积极性，同时创造各种机会，将公司的长远目标与员工的现实目标结合起来，这样不但可以帮助员工实现自我价值，同时也利于企业目标的实现。

作为圈子的普通成员，如果将这个圈子当成毕生奋斗的根据地，应该结合圈子的目标，寻找自己的目标导向。比如，立志在行政方面有所表现的人，可以制定诸如“一年内当上科室主管，五年后做上部门经理，七年后争取进入核心管理层”等目标；专注于技术和业绩的人，可以制定“成为总工程师”“做片区销售第一”等目标。

当然，不是提出一个口号就行了，我们必须围绕这个大目标，制定无数个为之服务的小目标。这些目标可以具体到每个月，每一周，甚至每一天。而不管如何制定，有一个原则必须要遵守，那就是目标必须不断提高。

比如第一个月拜访30个目标客户，第二个月应该是40个。而半年之后，目标就不应只停留在拜访客户之上，而应该有更高的要求，比如更注重拜访客户的成功率。

这也是必须做到的，因为现实的情况就是，30岁之前是每个人的积累阶段，包括财富的创造、人脉关系的拓展、知识学养的积淀等。而30岁之后，目标更应着眼于人生的超越和创新，比如在财富上不再是考虑如何挣得更多，而是如何投资理财；在人脉上不再是考虑如何认识更多的人，应该是想办法利用手中已有的资源来创造价值。

有了这些目标，还要结合圈内的条件和机会，自己创造更多的条件和机会。

一方面要学习、培训，提高个人能力，一方面要拓展人脉关系，特别是圈子内的关系。有了这两个方面的准备，当机会出现时我们才有可能抓住。

分享一个朋友如何从业务员成长为总经理的故事，你也许会对如何才叫把握机会有更直观的感受。

这个朋友还是一个普通业务员时，有幸与部门经理一道陪老总考察一个项目。项目的前景非常好，但奇怪的是老总却对合作一直持偏否定的态度，但要说他对项目不感兴趣吧，在为期一周的考察过程中，老总又确实很用心，询问了很多细节和数据。

虽然这个朋友那时只是业务员，却非常勤奋，进入这个行业后做了许多功课。经过仔细分析，他认为这个项目本身大有可为，老总应该也是有兴趣的。那么为什么面对对方的合作邀约，老总迟迟没有松口呢？回想了一番公司之前的项目变动，他判断出老总应该是因为之前的几个项目同时上马，目前资金处在困难阶段，但又不想别人知道，所以态度才会这么奇怪。

于是在接下来的谈判中，他主动对甲方提出，合作可以，但需要对方垫资，并在其他问题上主动让步，只是牢牢抓住这一点不肯松口。果然，他本来只是会谈中的龙套角色，但这次谈判之后，老总便点名要他负责此事，让他愈发肯定自己的判断是正确的。最终，他根据老板没有明说出口的意图，顺利促成了项目的成功合作。

大家可以思索一下他成功的原因。自身的学习让他对行业现状有深刻了解，让他能够对大势做出正确的判断。而对于公司内部状况的熟悉，以及老总性格的了解，让他能够推断出老总无法说出口的难题，正好印证了之前所说的两点，缺一不可。

我曾开玩笑问过他，当时你做业务员，一个月只有两千块，为什么还会充满热情地每天学习，努力熟悉这个行业？他的回答是：“因为我决定进入这行时，就想要做到最好，这个目标树立以后，我一切的努力都是为之而奋斗。”

朋友们，如果你已经找到了你的目标，那么就一心一意地为了这个目标而前进吧！

◆ 快速实现目标的人际法则

两点之间的距离直线最短，这是一个众所周知的数学常识。但通过距离最短路径的那个人，并不一定最先抵达终点。

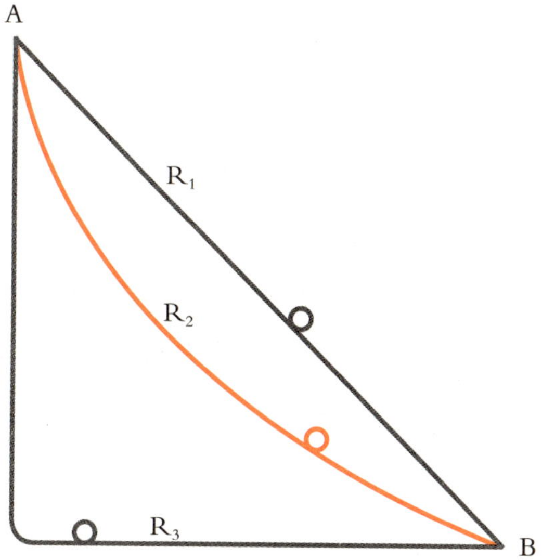

最速曲线示意图

上图中小球从 A 点运行到 B 点，最快的路线不是直线 R_1，而是弧线 R_2，即“最速曲线”。观看短道速滑比赛可以发现，后来居上的选手并不在直线赛道上加速，而会在弯道实现超越。弯道超越的选手，也并不选择相对距离最短的内径，而往往从外道超越对手。

这个理论告诉我们一个道理。由于种种原因，你没办法获得别人所谓的捷径，但完全可以选择属于自己的“最速曲线”，比条件更好的人更快抵达成功。

创业或职场成功者，几乎都无一例外选择了最适合自己的“最速曲线”。他们不安于现状，而是顺势借力、开拓创新，获得快速成功的路径。一个典型的例子就是雷军和他的“小米”。

雷军的人生经历中，多次抓住了“最速曲线”。第一次是在武汉大学念书期间，他利用学校实行学分制的有利时机，仅用了两年时间就修完了毕业所需的学分，快速步入计算机大市场，成为武汉电子一条街上响当当的人物。

第二次，也是最成功的一次。当苹果、三星、华为、联想等智能手机品牌在直线路径上快速奔跑时，他创新思维，成为全球第一家互联网自有品牌手机商。毫无疑问，在金山公司打拼十多年直至坐上董事长位子的雷军，找到了一条剑走偏锋的“最速曲线”。除却威力巨大的电子商务直销模式、新媒体和自媒体营销方式外，雷军善于利用圈子寻找“最速曲线”。在手机领域，“小米”几乎是白手起家，为实现弯道超车、快速成功，雷军在他的人脉圈里找到了一个合理的曲线组成点——原 Google 中国工程研究院副院长、原摩托罗拉北京研发中心高级总监、原北京科技大学工业设计系主任、原金山词霸总经理、原微软中国工程院开发总监和原 Google 中国高级产品经理——小米科技的 6 位创始人。

稍加观察可以发现，这 6 个人都是当时中国互联网、手机研发、产品设计和营销方面的牛人，这 6 个人加上雷军 7 个点，足以构成“最速曲线”。有媒体认为，小米团队采用的是世界级的玩法——“一个硅谷式的创业，一个巨大的商业机会，一组很彪悍的人，再拿钱堆”。这个模式是不可复制的，却可以成为成功的借鉴。我们要善于借助圈子成员的力量，发现属于自己的“最速曲线”，而当今社会的数码科技、互联网思维更给这种曲线的生成提供了无限可能。

“最速曲线”能取得最快的速度，在于它本身是非常规的，很少有人走过，无论在前进途中的哪个点上，都无法沿着来时的路返回。没有回头路的人，只能背水一战，心无旁骛地朝着自己的目标前行，直到抵达终点。如果选择风险不大的直线，一直沿着别人足迹的方向前行，随时都可以回过头来，这样的行走虽然风险很小，但阻力却很大，效率更低。

普通人要进入圈子的核心层难上加难，假如你刚毕业进入一家大公司，前面有老同事、部门主管、经理、片区经理、分公司经理、总经理（每个职位还有正副职），如果选择直线，按部就班地超过一层层的上司抵达公司管理核心地带，几乎是不可能完成的任务。

但你可以选择“曲线”来超越前面的老同事、部门主管，甚至经理，而这时你的“最速曲线”可能是你的骄人业绩，也可能是你关于研发方面的创新思维，还可能是你良好的人脉关系，但不管哪一种，既然踏上这条曲线，就必须一直向前。

最后，两点之间的路线有许多条，不一定非要选出最完美的那一条，最重要的是尽快行动起来。很多后悔的论调经常出现在我们耳边，多少机遇没抓住，多少时间被浪费……其实不需要后悔，尤其是处于当下信息爆炸的时代，一切都取决于什么时候开始行动，因为实验者进一步发现，类似上图弧形路线的“最速曲线”不止一条，而有无数条。不同的小球在“最速曲线”的不同位置同时出发，却总会在同一时刻抵达终点。

还记得这本书的开头，我表弟的那个故事吗？对于他来说，请我帮他联系可靠的投资人，是他选择的“最速曲线”。但是我相信，即使我没能帮上忙，他一定也会用其他办法来找到其他投资人，只是也许更麻烦一些，需要拜托的人会更多一些而已。

处于什么位置不重要，能否找到笔直路线也不重要，重要的是找到方法，及时行动。好好利用自己的人脉，只要能够顺利达到目的，你就已经找到属于你自己的“最速曲线”了。

◆ 抓住积累人脉的最佳时机

在领导生命周期理论中，高关系指领导者和下属共同决策，采取适当授权、参与管理的方式。高关系与高工作和低工作并不配套，很多时候高关系可以独立自主地发挥作用，具体怎么运用，取决于工作的环境和具体工作情况，还有人的主观能动性。很多圈子刻意运用高关系，以发挥员工的积极性和创造力。比如，在企业的初创期，高关系往往大行其道，不拘一格地激发员工的创造力，往往能取得超出预想的效果。

圈子的高关系阶段，是圈子成员自由发挥才能的最佳时机。

合伙创业和圈子实行变革的时期，高关系会经常出现，成员们应该抓住这个机会，找到目标导向下的最快路径。

某大学3名在校学生，在学校食堂二楼快餐厅就餐时发现了商机，将晚上7:30以后快餐厅生意清淡的时段租下来开咖啡厅。前期策划、控制预算、制订宣传方案、拉电线、钉钉子、采购原料、调试咖啡……3个同学亲力亲为，真正的高关系管理，在忙活了两个多月后，咖啡厅终于开业了。热闹开业后，咖啡厅的生意火爆了一个多星期，就冷清下来了。一番着急后，同学们开始了头脑风暴，最终将目标消费群体锁定为社团组织和校园情侣，引进了棋牌游戏、拼图和填字游戏，还准备举办舞会等活动，经过高关系下成员的各自努力，咖啡厅的生意慢慢好了起来。

我们假设一下，这家咖啡店如果是品牌连锁经营的方式，采取低关系管理，员工只是机械的打工仔，按照领导层的指示执行即可，一定不可能迅速找到生意冷淡的原因并立即采取针对性的措施。只有高关系下的工作才能让其起死回生。

实际操作中，领导更多地在成员成熟期和比较成熟期采用高关系管理，这里就出现一个机会，如果某个成员能尽快“成熟”，就可以比其他成员更快地和领导建立高关系。

被誉为“中国第一打工仔”的刘延林，初中没有毕业就跟随姨夫全国各地烧砖瓦，后脱离亲戚到广州一家机砖厂打工。按理说，砖厂这种毫无技术含量的圈子绝对实行“高工作、低关系”，但踏实肯干、脑子灵活的刘延林和广东老板建立了高关系，广东老板将新办的砖厂承包给他。这次机会让刘延林获得成功的“最速曲线”，最终成为资产过亿的地产商。

圈子的高关系阶段，正是大家开展交流协作的大好时机。因为在这个阶段，领导逐渐信任成员，放手让成员独立工作，但尚未对成员授权，成员之间处于平等合作的地位，应该利用领导的信任通力合作，为圈子创造最大效益。

不过请注意，在这个阶段，不要过分表现，错把信任当成授权。老板的信任是对员工普遍信任，信任是为换取更高的工作效率，而不是让个别员工出风头。因此，每个员工应本着平等尊重的原则，开诚布公地交流，增进彼此之间的感情。协作和竞争都无可厚非，要紧的是要把握目标导向。高关系状态的领导，谋求的是圈子的更大发展，此时如果有员工背离目标、制造混乱，肯定会招致领导的厌恶而葬送自己的前途。

三国时曹操的主簿（相当于最高领导的秘书长）杨修，一度深得曹操的信任，是曹氏政权圈子里的风云人物，无数人争相巴结。曹操建立政权后，进入“低工作、高关系”的后期，准备授权给儿子。杨修与曹植为一派，在领导授权尚不明朗的前提下，杨修主动选边站队，积极参与“夺嫡之争”，虽才华出众，最终还是被曹操借口杀害。不独古代，现在也一样，特别是在高关系阶段后期，也是圈内成员斗争比较厉害的阶段。作为领导一定要加强防范，成员则以脚踏实地为要务，千万不可轻举妄动。

高关系往往是通往成功的“最速曲线”，也是积累人脉的最佳时机。

如果你处在高关系的阶段中，更应该把目光放长远，将暂时的利益放在关系之后，把竞争放在协作之后，在工作中发展关系，积累关系。圈子成员充分施展才华、互相竞争的时候，也是最需要帮助和关怀的时候，能在工作上提携别人，在生活上帮助别人，更容易获得真诚的友谊和牢固的人脉关系。

高关系阶段过后，很快将进入“低工作、低关系”的阶段，此时你积累的人脉将及时发挥作用，如果你工作表现出色，获得领导授权，就可以顺理成章地进入关系圈的核心。

◆ 人际关系中的断舍离理论

圈子成员的协作配合，可以让成员尽快获得最短路径或“最速曲线”，但实际上，主观或客观的原因会形成障碍，阻挠路径畅通。

从主观上来讲，这些障碍首先来自成员的人格特质。观察关系圈不难发现，不管是上司还是同事，豪爽坦诚、诚实守信、无私大方的人很容易相处，让人颇有相见恨晚之感。反之，也有不少人初次打交道就让人厌恶，更别说深入交往了。

心理学家研究表明，最容易形成人际关系路径上的障碍的人格特质依次为：狡诈、撞骗、自私、残忍、不诚实、不真诚、做作、不可靠、不忠诚、贪婪。很多影视作品中，有的角色一出场就给人不好的印象，就是因为暴露出性格中让人厌恶的特点。

其次是性格特征。性格特征和人格特质不一样的地方在于，性格特征往往会发生变化。一些负面的性格特征也会成为成功路径上的障碍。如自负、自卑、敏感、害羞、孤傲等，无疑会对人际关系的建立造成不好的影响。

因为每一种人格特质和性格特征都有其优势和劣势，是否成为发展路径上的障碍，关键取决于“目标导向”。如果目标导向相同，人格特质会成为发展关系的优势。物以类聚，人以群分，比如在古代，“师爷”“讼师”这样的人普遍会被大众排斥，人们认为这样的人往往“狡诈奸猾”。但如果真处于这样的圈子内，大家相互之间并不会认为对方狡诈，而是以计谋高低、口舌伶俐来判断对方的实力。

同样，长期在科研单位做研究工作的人，社会关系单纯，对鼓动三寸不烂之舌的保险代理员往往没有什么好感，但在保险从业圈，大家反而会觉得百折不挠地和客户软磨硬泡是基本能力。总之，不能因为圈子不同，或者是性格不同，就对与自己习惯不符的人过早做判断。其实不同性格、不同圈子的人一样可以相处得很好，有的趣味相投，有的优势互补，我想大家应该是认可这一点的吧。

因此，我们可以全方位了解自己和别人的“人格”和“性格”，不要轻易做出好坏、优劣的定论，善于因势利导，扬长避短，就可以化障碍为坦途。

这是一个竞争的时代，我们每个人都无法避免竞争。许多目标实现路径上的最大障碍，客观说来，都是源自竞争。所以圈内成员的竞争会导致彼此在沟通和协作上出现很多人为障碍。

现在大家都提倡一种说法：“既相互竞争，又互相合作。”但我要很遗憾地指出一个事实：竞争与合作是反向的行为，要实现二者的和谐相处并不容易，因为两种行为的心理效果是不一样的。

竞争在同事圈内经常出现。如果甲和乙都在一家公司从事产品销售工作，他们虽然是同事，但在业务上很难实现信息和资源共享，一般都会单独行动，生怕对方掌握了自己的招数。在单位的讨论会上，甲和乙发言时也是貌合神离的，如果甲本月销售额直线上升，乙可能会因为嫉妒而找甲的缺点和错误对其进行攻击，不大可能真心佩服对方，反之亦然。竞争还会因成员间沟通不畅而产生误解，相互猜疑而影响人际关系。这样的团队，必须要有一个强有力的领导，才能确保人际关系的稳固进而形成合力。

正视这个现实后，如何才能清除人际关系中的竞争障碍呢？

我认为，最要紧的是树立正确的竞争观。首先，要敢于竞争。时刻保持比别人做得更好的思想，只有成为竞争中的胜者，才能赢得对手的尊敬。其次，要善于竞争。竞争之前要审时度势，对上司、资深同事等必须手下留情，适可而止。竞争过程中要扬长避短，不要拿自己的劣势与别人的优势竞争，也尽量避免用自己的优势打击别人的劣势。竞争之后要分享和理解，如果失败，可以向胜利者致敬，谦虚地向对手学习，并理解对手的手段；如果胜利，也不要骄傲，可以将制胜的技巧和秘诀适当拿出来分享，让对手感到你的真诚。做到这几点，你就从单纯的竞争本身跳出来了，能够把握竞争背后更重要的人际关系的变化，即使是竞争对手，也是可以变成朋友的。

此外，沟通方式可能也会影响人际关系的和谐，造成一些障碍。每个企业内的圈子都有或者松散或者密集的独特沟通网络，大概划分一下，分别是：自上而下或自下而上的链型、直线加参谋的 Y 型、上司为中心的轮型、成员分层的环型和成员自由沟通的网型等。

相较于网型沟通，链型、Y 型、轮型和环型沟通方式会减少成员之间的自由沟通，不利于良好人际关系的建立。比如，在上下级权力等级森严的圈子里，成员之间只对上司负责，相互之间很少交流沟通。所以我们要勇于突破不同形式的沟通网络，尽量用真诚的方式多与别人沟通，以保持融洽和谐的人际关系。

还有其他一些客观原因，如地位悬殊、认知偏见等等，也会对人际关系造成障碍，对此应根据实际情况处理。拿地位悬殊来讲，最常见的表现方式为新员工不敢主动和老总交流沟通，其实只要自己保持心态平和、树立平等观念，是不难突破这一沟通障碍的。

02 / 能走多远，取决于你的同行者

◆ 3 个特质判断适合你的同行者

有着更多人生经验的长辈常常忠告我们，寻找人生伴侣，关键是要找最适合自己的。阿里巴巴董事会主席马云也说过，聘请员工要找最适合的而不是最天才的。前一个适合，指伴侣惺惺相惜、互敬互爱，携手走完漫长的一生。后一个适合，指员工要与岗位匹配、与企业投缘，人尽其才，企业也能从中获得好处。

对同行者要求要高，在生活中要有伴侣一样的情谊，在事业上要有忠诚员工一般的敬业。虽然这个要求听起来没什么问题，但是实际生活中，我们

并不能以最高标准作为衡量同行者的唯一条件。

很多企业对人才的定义标准非常严苛，比如一个普通文员的岗位，却依然坚持“硕士研究生学历，毕业于 985 或 211 高校，英语 6 级，计算机 4 级，有外企工作经验优先……”这样的岗位，即使能招聘到符合条件的优秀员工，但工作岗位肯定达不到他的要求，哪怕他因为种种原因暂时入职，迟早也会离开，跳槽去其他更好的公司。而如果是用“适合”的原则，降低一些标准，不光能节省人工成本，还可以提高员工的企业忠诚度（因为这种员工起点低，在公司里有成长空间，更能与圈子里的人共同进步结下友谊）。

明白了这个道理，我们可以再从实用的角度，谈谈如何寻找同行者。

距离要近

这个“近”的第一重含义是物理距离较近。如在一个圈子工作的同事，同住一座城市的同学等，他能够与你随时交流沟通，及时提供帮助。比如和同事一起报考驾校，大家经常互相切磋，可以很快提高驾驶技术。你或许有一二知己，但如果他身处异地一两年难以见面，虽然可以经常交流，但在处理一些突发事件上，还是得靠经常见面的人来帮助。

“近”的另外一重含义，是指身份地位上的接近。除非奇迹发生，否则一个不名一文的打工仔很难与一个亿万富翁成为同行者。换句话说，我们在寻找事业伙伴时，一定要保持双方地位的平等性。

性格最好有差异

考虑人品、能力之后，最重要的是找一个在性格上能够互补的同行者。两个人性格相同，比如都是内向或激情奔放的人，迟早会分道扬镳，因此，如果你胆小犹豫，尽可能找一个胆大果敢的人同行，这样的人很多时候可以帮你果断地做出判断和选择；如果你大大咧咧，则最好找一个谨慎小心者同行，这种人可以帮你做出缜密的思考，避免犯错误。你要将同行者的性格差异保持在可控范围内，性格差异过大，两个人容易产生反感情绪，如果是极端性格的人，还会产生意想不到的问题，这些都不利于你进步。

富有进取精神

对方能力并不出众，实力可能比你差，但富有激情和上进心，也是可以考虑成为同行者的，因为这正是同行最需要的东西。勇气是非常可贵的品质，可以帮助你们直面困难，永不言败。

你的同行者必然身处你周围的“1”中间，所以当你决定了前进的方向后，就请立刻在人际圈中寻找合适的同行者吧。

不管听了多少道理，如果不落实到实际行动上，都是纸上谈兵。在扩大人脉圈的同时去伪存真，最终找到自己的同行者，这也是“1+1”交往术的重要目标之一。

◆ 这个世界上，没有永远的同行者

曹操乃一世枭雄，同时有“周公吐哺”之举，思贤若渴，为将天下人才收入囊中，可谓绞尽脑汁。爱才心切的曹操也做了不少一厢情愿的事，曾有两人都“身在曹营心在汉”。其一是关羽，另一个是徐庶。

徐庶文武双全，足智多谋。文强于曹操的顶级谋士，武则可亲自手刃仇人。为避免名声过大祸及家人，徐庶化名单福到刘备门下做了军师，让刘备的军队连打胜仗。曹操有位谋士识破了徐庶的真实身份，为对抗刘备，更为得到徐庶这个人才，曹操让谋士设计将徐庶的母亲软禁，徐庶不得已离开刘备去见母亲。

徐庶知道上当后，对曹操的香车宝马、高官厚禄毫不动心，实现了对刘备“进曹营却一言不发”的承诺。在决定三国政治格局的赤壁大战之前，徐庶识破了让曹军战舰勾连的连环计却未告诉曹操，曹军最终大败而归。

这个大家熟悉的例子中，曹操一厢情愿地想让徐庶成为同行者，徐庶却为报答刘备的知遇之恩，“终身不设一谋”。可见，真正的同行者必须达到双方心灵的契合，而不是貌合神离。现实生活中，也有很多一厢情愿的案例，它让我们不但找不到真正的同行者，还让对方成为了前行路上的绊脚石。

同行是双方参与的行为，产生一厢情愿的原因大多如徐庶一样“心不在焉”，也有人确实想同行但条件不具备，还有可能一方另有所图。

设想这样一个场景：你发现了一个商机并准备投资，在小区楼下开一个小饭店。你找到 A、B 两个最好的朋友商量这个想法，希望大家能够一起干，两个同学都表示了赞同。

你随即张罗办理执照和租赁铺面等事宜，开始进入实际操作阶段。毕业于烹饪学校的 A 同学也准备向所在酒店辞职，在创业前期专职饭店的厨师，而 B 同学迟迟不见任何行动。直到半个月后，在你的催促下，他表示非常希望一起创业，但最近资金上有困难，而且自己公司也比较忙，抽不出更多的时间来料理小饭店。

此时 A 同学劝你说，希望多年同学能一起创业，另外 B 同学的市场能力很强，对小饭店的运营会有很大帮助。不如你们俩先将 B 的那份资金垫上，等他忙完这段时间再来和你们一起专职做？

你会如何选择？

不用多考虑你就明白，最佳的答案应该是你和 A 两人一起将小饭店开办起来，不用考虑 B。

B 可能确实想成为合作者，但既不出资金也不出人力，你的项目对他既没有约束力，也缺乏足够的吸引力。一个不具备任何条件的同行者，又能陪你走多远呢？打个比方，就像一位既无驾照，又没有汽车，还不想负担燃油费的人，本着对旅游的热爱加入户外运动俱乐部，那么他只能选择蹭车。当然这也不是不可以，但次数多了，恐怕没人会与他同行。可见同行需要实力的支撑，条件基本相当的人才能成为同行者。

上面说的是因为条件限制，导致即使是好朋友，也无法在事业上一起前进，想想颇为惋惜。而另一种别有用心的同行者则要加倍小心提防。

他们有的是借力借势达到自己的目的，有的是赤裸裸的损人利己。前一种同行者比较多见，也不必深恶痛绝。比如很多公司都有这样的员工，有的是达到赚钱的目的，有的是暂时栖身，一有机会便跳槽。此时，就不要一厢情愿地以为对方会真心和你同行，而要保持清醒的头脑，力求各取所需。

还必须记住一点，没有永远的同行者。即便是《西游记》中共赴西天取经的师徒四人，行程中也有孙悟空暂避花果山，猪八戒跑回高老庄的桥段，而取得真经后，五人各司神职，只能洒泪而别。

“天下没有不散的筵席。”这句俗话说得很好，没有永远的同行者并不是坏事。相反，只有不断地选择不同的同行者，才能将活力源源注入，让圈子永葆青春。在中国的 IT 圈内，金山公司可能不是最好的软件公司，但绝对是人才辈出的公司。那些在金山奋斗多年的同行者，从最初的创业成员到后来的高管，不少人离开金山，成为新的创业者或行业带头人。在这个名单上，有创立小米科技的雷军，有创立百游网的魏啸，有创立梦工厂的裘新，有创办蓝港在线公司的王峰等等。他们曾经同行，将美好的年华奉献给金山公司的圈子，又离开圈子，寻找新的同行者。

正如金山公司一样，失去同行者并不可怕，值得担忧的是迟迟找不到新的同行者，或者同行者将属于你的最宝贵的东西也带走了。因此，务必打消做永远的同行者这种一厢情愿的想法。

◆ 成长靠自己，成功靠他人

想要保持人际关系的良好状态，你必须要有不可取代性。换句话说，你必须有自己的王牌，才不会被其他人所取代。

《西游记》师徒四人团队中，看似最没能耐的就是唐僧，每次妖怪都轻松地将他抓走，最终都要依靠徒弟们来救命。其实唐僧有很多优点，比如性格坚韧，极有原则性，能抵御各种诱惑始终保持禅心。不过这些虽然是他的优点，却都不是他最后的底牌，并不能让他真正具有不可取代的作用。

唐僧真正的凭仗，是他西行取经的身份，作为这个任务的指定完成者，只有他才能完成任务。同时他深得各路神仙的信任，可以轻易获得他们的帮助，可以让三位徒弟最终免除罪孽，得到正牌神仙的名号。因此，不管徒弟们如何顽劣犯错，最终只能团结在他的麾下。

在这个社会里，个人的力量是有限的，能走多远，取决于你的同行者。但现实是，当你自己落后了，同行者随时可能抛弃你，选择更好的伙伴。所以如果想要走得更远，必须像唐僧那样，清楚地知道自己手中有没有至关重要的底牌。

底牌不一定是资金，不一定是技术，甚至也不是独创的经营模式，而是自身具有的那种别人无法克隆和学习的特质。

开创了希望集团的四川刘氏兄弟创造了工商界的一个传奇，在20世纪80年代，做教师的刘永好与另外三个兄弟在自家阳台上养起了鹌鹑，并售卖鹌鹑蛋。后来兄弟四人专职养殖鹌鹑，母亲负责在市场上销售。之后，他们开起了鹌鹑蛋批发门市部，兄弟四人分别负责养殖场和外销。再后来，他们放弃了鹌鹑养殖和销售行业，进军饲料行业，创立了中国最大的本土饲料企业集团——希望集团。

最终，兄弟四人明晰产权并进行资产重组，开创了各自的事业：刘永言创立大陆希望公司，刘永行成立东方希望公司，刘永美建立华西希望公司，而刘永好组建了新希望集团并任董事长。

兄弟四人从同行者变成各自事业的开创者，然后又引入了各自新的同行者，一步步比以前走得更稳更远。这一切，都得益于刘家人手中的底牌：善于学习和创新。

我有位长辈曾与刘氏兄弟的母亲在同一个市场卖过鹌鹑蛋，有幸听他讲起这样一个事情：当时市场上所有批发商都是将蛋摆在地上卖的，唯有刘家母亲搭起半人高的摊位，将鹌鹑蛋摆在摊子上卖，结果她的生意比其他商家都好。后来这位长辈发现，特意搭起摊位销售看起来要比别人麻烦，但是好处很明显，不但免去了消费者蹲下挑选之苦，还给人一种视觉误差，由于摊子上的蛋离行人更近，刘家卖的鹌鹑蛋看起来比别家的要显得更大一些。

而等旁人明白过来其中的道理，纷纷效仿也支起摊位时，刘家人却没有停止思考和创新，他们更进一步，开始进行分类包装的更高层次销售了！

兄弟四人牢牢地把握了自己的“牌”，合也好，分也好，都不影响他们走得更远。那么你是否想过，你最独特的不可取代的特质是什么呢？

这个问题不太好回答，因为它应该是独特的个性、背景、知识和经验的组合。组合里的每个项目不一定要多强，但要具备独特性。虽然这个特质可能不是绝无仅有的，但至少是同行者没有的。前面讲过同行的目的之一是优势互补，既然你不具备别人所需要的优势，别人何必找你同行呢？

同时，这些特质还要对事业进步有价值。如果同行者与你一道创业开公司，需要的是你能创造价值的投资、能力或背景，诸如艺术特长之类的则不会得到同行者的青睐。

另外，这些特质还要具有持续发展性。比如资本，可以通过投资理财获得收益，能力可以在学习和创业中得到提高，经验也可以越来越丰富，以满足不断的发展需要。

一个甘愿原地踏步的人，手中即使拿着一副好牌，在规则慢慢变化之下，也会变得不再是不可或缺的。

03 利益是最危险的剑，也是最安全的盾

◆ 你的世界，没有永远的朋友，也没有永远的敌人

“没有永远的朋友，也没有永远的敌人，只有永远的利益。”这是 19 世纪英国首相帕麦斯顿说过的一句名言，另一位英国首相丘吉尔在 1946 年发表的“铁幕演说”中也提到过这句话。

这句话出自两任首相之口，并被作为英国外交原则之一，虽然饱受争议，并引发经久不息的争论，更为友情至上论者所诟病，但它的正确性在国家与国家之间、人与人之间的关系中又确实一次次地被证明。有人可能会反驳，某人与某人从出生后一块玩到大，虽然有过吵闹，但两人在利益上从来

不分你我，一直是很好的朋友。这样的例子肯定有，但我认为他们的核心利益是一致的，两人之间还没有遇到考验友情的根本利益。注意，这里说的是友情，无可否认人世间有丝毫不顾及利益的亲情存在。至于敌人，也不是永恒的，一旦有了共同利益的存在，便可化敌为友。

那么，在我们的人际关系圈里，朋友与利益又该如何平衡？

在一般的同事圈或社交圈里，成员们为了一个共同的目的（利益），相互间保持平衡与和谐，有的甚至能成为很好的朋友。如果利益诉求发生变化，朋友便有可能会走向对立。因此，我们必须把握一点，那就是朋友与敌人的区别，在于是合作还是竞争，也就是说朋友和敌人都是特定条件下的产物。

“周公恐惧流言日，王莽谦恭未篡时。向使当初身便死，一生真伪复谁知？”这四句诗之所以流传甚广，就在于说出了一个深刻的道理——日久见人心。同样，我们也常常会问自己，如何确定身边的人到底是朋友还是敌人？这个问题虽然没有标准答案，但还好我们可以紧紧抓住“利益”这个核心，合理地推断出真实的状况，辩证地处理人际关系。

消除“永远的朋友”的幻想

现实社会毕竟不是童话，我们交往的人也不都是天真无邪的蓝精灵，防人之心不可无。兄弟成仇、闺密反目的情节，无论是在新闻还是小说里，都出现太多次了。这里不是要否定友情，而是提醒我们应该以更理性和平和的心态对待朋友之间的相处。

牢记“没有永远的敌人”

在竞争合作的大背景下，一定不要认死理，因为敌人和朋友是可以互相转化的。比如某销售商挤占了你所在公司的市场份额，曾经是你在业界的对手，但其代理的品牌一夜之间倒下，该销售商暂时处于业务真空状态，此时你完全可以化敌为友，让其代理你公司的产品，敌人顷刻间成了朋友。借用我国古代著名思想家魏源的哲言：“师夷长技以制夷。”优秀的同行虽然是你的竞争对手，但他们有很多好的经验和做法，可以帮助你在事业中获得提高和进步，那就没有必要死死咬住“敌人”这个称号，而应认真学习，争取赶上甚至超越对手。

对待朋友与敌人都应该多换位思考

在利益面前没有对错之分，不管是敌人还是朋友，对方都有自己的做事逻辑。有一句流传很广的话：“最了解你的人就是你的敌人。”这就是因为竞争中需要摸索出对方的思维和行事方法，才能预测对方的计划和行动并做出应对。小说《亮剑》里，李云龙和楚云飞在政治立场和身份上是敌对的，但在人格层面，却是惺惺相惜的知己。因为时代的原因，两人在敌人和朋友的关系中来回摇摆，很难对他们的关系做一个准确的定位。这虽然是小说中的人物，但反映出的关系是贴近现实的，只是现实中的人际关系往往更加复杂。

分清朋友和敌人，关键是要认准核心利益所在。只有恰当地处理二者之间的关系，才能在人际交往中如鱼得水。

◆ 社交高手懂得保护核心利益，维护共同利益

既然朋友和敌人的身份不是恒定不变的，是不是我们就应该只盯着利益，不顾友情了呢？答案当然是否定的。

经常有鸟儿聚集在犀牛背上，一面填饱肚子，一面享受免费的旅行。表面上看，犀牛不但为犀牛鸟提供食物，还要背负它们远行，个人利益受到损害，但实际上犀牛获得的好处多得多。犀牛坚硬的皮肤上有很多皱襞，容易藏污纳垢，滋生各种寄生虫，犀牛鸟在犀牛背上觅食，正好帮犀牛清除了讨厌的寄生虫。犀牛行动笨拙，又是天生的近视眼，一旦有敌人来袭，站在犀牛背上的犀牛鸟立马飞起来鸣叫，给犀牛报警。因此，犀牛当然乐意让犀牛鸟获得这点蝇头小利了。如果犀牛是一毛不拔的铁公鸡，就只能在泥浆里打滚清除寄生虫，同时也失去了最忠实的警卫。

“取舍”可以引申为有取有舍、不舍不取、小舍小取、大取大舍，要想收获，必先付出。在中国传统文化里，“取舍之道”备受推崇，包含了选择、承担、忍耐、智慧、痛苦与喜悦等各种层面。取与舍是一种道家哲学，既对立又统一，自然万物都在取舍之间达到和谐统一。能掌握取与舍的人，是成熟的人，是懂得如何赢得成功的人。回到人际关系这个主题上来，做大事必舍小利，指的是着眼长远目标，放弃眼前利益。

大方一些才容易赢得朋友

锱铢必较的人不懂得取舍之道，必定得不到真正的朋友。我接待过上门的推销员，产品是厨房专用清洁剂。征得同意后，推销员在老式抽油烟机外

壳上试验，果然，一喷二抹后抽油烟机光亮如新。此时，推销员开始销售产品，见我没有购买之意，立马结束试验拎包走人。那清洁了一小块的地方和周围部位的油烟痕迹一对照，显得十分难看。

结果可想而知，推销员失去了可能的客户，而我贪图那点“清洁工作”的小利，错过了一款好的产品。对推销员来说，完成剩下的清洁工作（至少将面板全部清洁）是“小利”，但他不愿意舍弃这点小利，导致推销的失败，减少了一个人脉关系。如果舍了这点小利，即便我不买产品，至少会对推销员及产品留下好的印象，成为一个潜在的客户。

“送人玫瑰，手有余香”的道理大家都懂，但不一定都能运用到人际交往上来，特别是在追名逐利的商品社会。但切记不要小看身边的“小利”，工作中的一个举手之劳可能让同事念念不忘，为人处事中的一次小小让步，可能赢得对方的感恩。无数次舍弃小利，就如机械所需的润滑剂，会让你的人际关系更加顺畅。

适当的让步能更好地留住朋友

很多朋友，往往因为一点小事而形同陌路，事后想来，悔不当初。营销学上说，争取一个新客户所消耗的成本是保持一个现有客户的5倍，这就是著名的“1∶5法则”。同样的道理，获得一个新人脉关系比维持一个老关系的成本要高得多。因此，不少善于经营人际关系的人会经常维护已有的关系，常见的是保险推销员和直销员，他们会在节假日给老客户送上祝福和问候，会牢记客户的生日并送上小礼物，会在客户有困难时嘘寒问暖。

有人会认为，既然是朋友了，就应该大行不顾细谨，大礼不辞小让，可事实并非如此。作为朋友，对方也存在同样的想法。比如，你的单位有一个无关晋级加薪的小福利，去旅游城市参加一个不重要的会议（等同于带薪休假）。当你和另外一位关系很好的同事都有资格去时，你会觉得对方应该理所当然地让着你吗？

其实对这种与事业前途无关的出差（小利），完全可以大方地让给对方，这正是一个赢得对方好感并主动拉近关系的好机会。

双赢的基础是适当的妥协

作为大工业化和信息时代较为实用的一种营销模式，“双赢”被更多的企业所推崇，因为没有哪一个企业能拥有全部资源优势，要求大利必须要舍小利。比如 iPhone 手机的制作，都是外包给其他制造工厂，苹果公司把制作部分的利润分给了下游的制造商们，这反而是苹果公司的成功之处，因为苹果公司只抓住最核心的设计部分，不但使利润最大化，而且让公司的结构变得更轻。

在放弃适当利益的时候，首先必须考虑对方是否愿意接受。同时也要评估牺牲这些利益，对自身的发展是否有危害，打肿脸充胖子的做法是坚决不可取的。

典型的例子就是新员工为主动和同事们搞好关系，经常抢着买单。起初其他同事还谦让一下，后来就变成习惯，而新员工为了面子，拿着不多的薪水继续充大头，这样做的结果是损失了个人经济利益又没有达到交际效果，别人一定不会领你的情，反而在朋友圈里留下一个“冤大头”的负面评价。

◆ 不会保护自己的利益，别人就会吃了你的利益

电视剧《离婚律师》中有一个很值得我们讨论的桥段：吴秀波饰演的男主角发现妻子出轨后，执意离婚。为了避免其他亲朋好友询问原因，同时也是想给妻子留一些面子，男主角最后选择把离婚的责任揽在自己身上，将财产全部留给前妻，自己净身出户。

对于这样的选择，也许大家都会赞叹男主角实在是伟大，至少心地善良，对钱财并不看重，虽然有些吃亏，但能证明他是个很好的人。

我认为这样的行为是十分不妥的。对于人际关系的经营来说，这是一种非常失败且不负责任的做法。而且这种不负责是双向的，既是对他人的不负责，也是对自己的不负责。

你也许会有些糊涂，明明之前才教大家主动舍弃小利来维护更重要的人际关系，为什么现在又这样说呢？

这里的重点是标题中的四个字：正当利益。交往中什么东西该放弃，什么东西一定不能放弃？搞清楚这个问题非常重要。如果没有搞明白这一点，即使你其他方面做得再好，付出再多，收到的却可能是相反的效果。

我不建议大家着眼于蝇头小利，但同样也不建议主动放弃应得利益，主要是基于以下几点：

1. 正当利益不仅是你应得的收获，也是再出发的资本，所以不可轻言放弃。合作失败，曾经的好友变成敌人，一起创造的财富也变得面目可憎，面对这种让人郁闷的情况，有些人的选择是逃避，抛弃一切利益，干脆一走了

之，与不愉快的过去说再见。有的人更会说，这不算什么，我既然能赚到这些钱，那么我一样能赚到更多的钱，我只要出这口气。这其实是一种意气用事的行为，苦了自己，便宜了别人，对实际状况却毫无改变。

2. 放弃应得利益有时候意味着示弱或无能。选择主动放弃正当利益的，恰恰是那种羞于争利的人，往往受圈内人欺负，因为做了一次弱者，意味着永远被视作弱者。别人在考虑利益分配时会经常忽略你的存在。放弃应得利益对事业成功毫无益处。属于自己的利益自己都不主动争取，还会有谁替你来争？

更严重的是，也许你清楚自己并无过错，只是心灰意冷之下对这些正当利益已经没有兴趣。但请记得，不是每一个人都能明白事情的原委。如果恰好一些别有用心之人做一些巧妙的歪曲，朋友圈里的其他人甚至可能会认为过错在你。毕竟，在大部分人来看，犯了错才会选择净身出户（不管是婚姻还是事业），这样的因果关系更符合常规的逻辑。

3. 不放弃正当利益才是公平原则的体现。只有紧紧抓住每一个属于自己的正当权益，才能一步步前行。放弃应得利益，不但会导致自己情绪低落，更会助长不正之风，甚至影响你在整个人际关系圈的地位。

创业的路上，同行者分分合合，老的走了新的加入。不管你是走还是留，都要关注你应得的利益。很多同行者往往利用对方耻于言“利”的心态，以不正当的方式攫取他人的正当利益，如果大家都懒得计较，只会助长这种人的嚣张气焰。

另外，正当利益的含义其实很宽广，除了具体的钱财权力，也包含人际关系的因素。还是以《离婚律师》作为例子，男主角净身出户，表面上失去了自己的房车和财产，其实最大的损失，还是将离婚出轨的原因揽在自己的身上，在人际关系中严重损害了自己的形象！在电视剧里也有体现，他因为这个莫须有的污点，导致之后的情感经历遭遇了非常多的坎坷。而前妻也并没有对此表示感激，反而认为他好欺负，多次落井下石。

不管你身处什么圈子，付出了努力就应该索取回报。每个人都应该认识到，在遵守合约的前提下，利益从来和责任相伴而行，有多少利益就意味着有多少付出，勇于争取个人利益，是对合法劳动和辛勤付出的肯定，也是还社会以公正，同时给后来的同行者以鼓舞。

放弃利益很轻松，争取利益却很困难，那么我们应该如何保护自己的正当利益呢？

一定要有坚持到底、寸步不让的决心

在利益问题上，与你争利的个人或集体与你之间存在此长彼消的关系，双方的心理是处在博弈状态的，如果你一开始就表明强硬的态度，对方就不会得寸进尺，你也拥有了更多的谈判砝码。

对应得利益要据理力争，甚至拿起法律武器

既然不是同行者了，就应该按照事先定好的规则，友好分手的同时分配各自的利益，如果协商不成，还可以走司法途径。很多人之所以放弃利益，主要原因在于怕麻烦或不想得罪人，但要明白一点，短时期的麻烦有时是很必要的，因为它可能换来的是长久的利益。有了一次胜利的争取利益，会为人际关系的处理和争取事业成功增添不少经验和勇气。随着行业制度和法律

法规的完善，社会上出现了很多专业的仲裁机构和律师机构，只要你不轻言放弃，获得自己的利益并不困难。

争取应得利益要尽可能动用人际关系的力量

特别是向圈子争取利益的时候，一定要动用圈内外的人脉，获得足够多的支持者，对圈子核心施加压力。比如一个被公司辞退的员工，可以将自己的不幸遭遇说出来，博取圈内同事们的同情，毕竟这些同事可能会得到同样的待遇，你的胜利可以为他们将来提供参照。圈内成员即便不便明里为你奔走呼号，也可能会暗中帮你出谋划策。有了集体的力量，争取利益就会变得更容易。

◆ 利益是保护你自己的高明手段

司马迁在《史记》里说道："天下熙熙，皆为利来；天下攘攘，皆为利往。"利益的驱动让人类勇往直前，创造了灿烂的文明，但同时对名利的追逐也带来战争和祸害。可见，利益确是一把双刃剑，既能改变落后、愚昧，也可能伤害人类自身。

在众多历史掌故中，对名利的诟病沸沸扬扬，特别是利，仿佛一剂毒药，导致礼崩乐坏、人人争斗、社会动乱。利益是把剑，会刺伤亲情、友情，破坏稳固的关系圈。还有句话"只可共患难，不可同安乐"说的也是利益的害处，在没有产生利益的困难时期，同行者能做到互相帮助、友好相处，但有了荣华富贵后，朋友关系立马破裂。

其实，利益不只是利剑，在合适的情况下，它也可以成为保护我们的坚实盾牌。在中学课本中，有一篇大家耳熟能详的文章《完璧归赵》，就讲述了利益是如何巧妙地成为保护个人的屏障的。

战国时期，秦昭王愿意用 15 座城池交换赵惠文王的宝玉和氏璧。蔺相如毛遂自荐，愿带宝玉和氏璧前去与秦王交换。见到秦王后，蔺相如献上和氏璧，却发现秦王有空手套白狼的心思，并无将城池给赵国之意。蔺相如心生一计，称和氏璧上有点小瑕疵，要指给秦王看。拿回玉石后，蔺相如马上举起和氏璧，以摔碎和氏璧为威胁，经过几番斗智斗勇后，最后安全将宝玉带回赵国。

中学课本的这个故事，这里再讲一遍，是请大家特别注意其中的关键：蔺相如前往秦国的目的是用和氏璧换城池，如果事情不成，便将和氏璧带回赵国，但在秦国宫殿之内，眼看难以实现和氏璧换城池的约定，他及时转换了思路，找到秦王所希望得到的利益（得到和氏璧），做出了进攻的态势（扬言要摔碎玉石），反而使秦王的立场不知不觉中变成了保护玉石，和蔺相如的目的变得一致，蔺相如从而得到了保护盾，并最终顺利将和氏璧完好地带回赵国。

不知大家发现没有，以利益作为防护盾，本质是将对方的需求与自身的所需结合起来，如果两者一致，那么即使是敌对的一方，因为有共同的利益作为纽带，也可能充当你的临时保护者，这也再一次证明了利益在人际交往中的重要性。

我们从《完璧归赵》的故事中还看到另外一个重要的事实：秦王之所以甘愿退让，关键是蔺相如把事件的核心利益（和氏璧）牢牢掌控在了自己手中，才能获得令自己满意的效果。

那么我们可以思考一下由此引申出的另一个问题：如何才能将能够影响对方行为的关键利益掌握在自己手中？这一点是让利益成为保护盾的基础，否则其他理论说得再好，也不过纸上谈兵。

首先，应该在利益出现之前，就做好规划，让它成为大家共同的盾。毋庸讳言，我们正处在一个对契约并不十分重视的社会，人与人之间利益交往更多地依靠道德和信任，结果往往因此闹出许多矛盾。不少人在创业之初缺少规范的合同，凭口头协议或多年的情感便开始合作，当事业做大做强，开始出现利益分配时，没有掌握财权（利益之盾）的人常常被狼狈不堪地踢出局。因此，合作创业或共事，必须签订具有法律效力的文本协议，把对资本金的注入、利益的分配等具体细节都明确下来，在合作过程中要建立规范的财务制度，让利益成为合作者共有的盾。当双方都是利益的共有者和看护者时，自然就会为了共同的事业团结在一起。

其次，要随时看护好你的个人利益，注意保护自己的合法利益不受侵害。公司里常有这样的人，从不迟到早退，按时按质完成领导交办的工作，对同事也毕恭毕敬且倾力合作，待人接物也低声下气，是人见人爱的老好人。但是，当遇到比如调薪涨工资、发放福利、安排休假等关涉利益的事情时，这些人会据理力争，寸步不让，变成让领导头疼的刺头。他们做得很对，就是用利益为自己铸就一个防护盾，让圈内成员明白，老好人不是好欺负的。如此一来，同事们在日后的交往中自然不敢轻易冒犯他们。

古人还有“以子之矛，攻子之盾”的说法。道理用在这里，我们应该明白，在用利益铸造自己的防护盾时，前提是不可伤害对方或集体的利益。通俗一点说，不能为了自己的利益牺牲他人利益。比如一个老板在其他地方受到经济损失，通过克扣薪酬、辞退员工，在公司成员身上找补；或者个人利益受损，想方设法盗骗别人的利益等，这样筑起的利益盾牌，其实外强中干，不但无法保护自己，还可能让自己身败名裂。

最后，以利益为盾，最高的境界是无形之盾。利益是刀剑，因为它会激发逐利之人体内的恶，不择手段得到利益。国外的富豪们喜欢投身慈善，而做慈善的至高境界是让财富回归大众。这时候每个人才真正只是利益的守护者，而不是拥有者。和这样的人打交道，你怎么会觉得不放心？希望大家都能早日达到这样的境界。

04 / 谁是关键人物

◆ 人脉高手都具备辨识关键人物的能力

电影中常常会出现各种英雄人物，在关键时刻从天而降，或者力挽狂澜，或者拯救世界，这种人理所当然地被称为“关键人物”。不过我们的现实生活中不会出现诸如地球毁灭、外星人入侵的天大危机，也没有电影中那样无所不能的英雄。

你一定会发现，有很多事情，只有某些人才能办成。那么在这些事情里面，这些人就是关键人物。同样，在人际关系中，你会发现有些人是你无论如何无法绕开的，是对你重要的“1”，那么这些人，就是你人际交往中的关键人物。

关键人物有两种，一种是因人成事，一种是因事成人。

因人成事，顾名思义，人才是关键。比如联想集团，如今已经是世界级的巨型企业，集团内部随便哪个高层人物在业内都是颇有分量的，但纵观整个联想的企业历史，我们可以很肯定地判断出，一手创立联想的柳传志先生，才是联想集团最关键的人物。

那么在人际关系里，这种类型的关键人物则是我们应该重点对待的。我们在某个圈子内做大多数事都无法绕过这些关键人物，甚至可以说我们的大多数行为都会和这类关键人物发生紧密的联系。

刘震云在小说《一地鸡毛》里曾借主角之口说出了一个看似平凡实则深刻的道理："想要过好日子，只要把身边最重要的五六个人搞定就行了。"人际关系中，这个道理确实非常有用。比如我们年轻时做的很多选择和决定，因为缺乏人生阅历，需要依靠父母的帮助和支持。不管是报考学校，还是决定辞职创业，如果能和关键人物（父母）有良好的沟通，得到家人的全力支持，无疑是会事半功倍的。

同样，当我们结婚以后，所做的大部分决定都需要和另一半商量。我有很多朋友，虽然算是成功人士，但大到买车或是大额投资，小到出去应酬或者买衣服，都会和老婆商量。这当然是一种尊重，但从另一个角度说，也是和关键人物进行良好的沟通，这样事情才会更稳妥。

而职场上，你的直接领导同样毫无疑问是你人际关系中的关键人物。这一点相信大家都很清楚，就不再举例说明了。

关键人物：在你的人际关系中非常重要，且关系很固定，地位通常不会发生变化的人。

而因事成人，更多地体现在我们同陌生人打交道上。这种情况下，一般来说，我们需要办一件事，而恰好处在事件关键环节上的人，对我们来说就是暂时的关键人物。

如果你负责销售，对方的采购经理就是你的关键人物。如果你是病人，给你看病的医生就是关键人物……当然，也有互为关键人物的情况。比如导演认为只有某演员最适合自己影片中的角色，而该演员也认为只有和这个导演合作自己才能发挥最佳演技，那么这种合作往往一拍即合。

不过可惜的是，这种情况毕竟只是少数。大部分时候，都是我们有求于关键人物。但要注意的是，这种关键人物不是固定不变的，他们的关键作用会因时间和空间的改变而发生变化。

比如在联想的企业史上，柳传志无疑是最关键的人物。但随着年事渐长，他逐渐淡出退居幕后，第二任 CEO 杨元庆就成了联想新的关键人物。今天，柳先生依然是联想的一个标志人物，但日常经营早已由新的专业人士负责。

同样的道理，有一句话叫“人走茶凉”，很形象地说明如果只是因事成人，那么最关键的其实是这个位置，而不是在位置上的人。我们在处理人际关系时也要时刻拿这句话来警醒自己，要努力让自己成为圈子里的关键人物，而不是仅仅依靠自己暂时的权势和地位，毕竟世事是流动发展的，只有自己本身富有魅力，才能真正被别人当成不可或缺的关键人物。

◆ 如何寻找决定你方向的关键人物

在圈子内，关键人物拥有重要的地位，掌握圈内的重要资源，能左右圈子的发展，影响力是一般成员不能企及的。在很多时候，抓住关键人物，成功之路就会缩短一半。

袁世凯一生的轨迹就是贯彻了这个道理。他能从无名之辈跃上总统宝座，就是因为先后找到了几个关键人物。第一个人是吴长庆。吴长庆是安徽人，著名的淮军将领，凭借与太平军交战立下的赫赫战功，从士兵一路升为总兵、提督（省军区司令）和水师提督（海军司令之一），深得朝廷重臣李鸿章的信任。在吴长庆的关照下，袁世凯在部队慢慢升为先锋营的营官，到了 1884 年，又被保举为军营行政主管，负责处理朝鲜防务。

处理好朝鲜政变后，袁世凯抓住了另外一个关键人物：李鸿章。在李鸿章的推荐下，袁世凯官位亨通。1895 年，李鸿章代表清政府签订《马关条约》后，声望和地位急剧下降。袁世凯反而落井下石，踩着李鸿章的肩膀，找到了第三个关键人物，也是大清朝的实际掌权者，慈禧太后。1901 年，袁世凯接替李鸿章当上了直隶总督兼北洋大臣。

袁世凯的历史评价如何定位，自有历史学家做出评判。单说他的个人素质和抓住关键人物的能力，可谓空前绝后。抓住关键人物，首先要瞄准目标。袁世凯的第一个关键人物由不得自己选择，只因吴长庆是他继父的拜把子兄弟。只能说袁世凯机遇好，吴长庆军人出身，为人豪爽重感情，又很爱惜人才，最重要的一点，吴是朝廷重臣李鸿章的人。吴不但成为袁世凯成长的关键人物，还为袁世凯找到了下一位贵人并顺利交接。但之后的关键人物选择上，袁世凯看得很准，也做得很好，这是值得我们借鉴的。

回到现实中来，在一个圈子里，普通成员如何确定目标人物，进而使其成为自己成长道路上的关键人物？我们之前说过，关键人物不是一直不变的，在不同时间和范围内，情况是不停变化着的，那么我们需要做的是：

捕捉现阶段的关键人物

以公司为例，按照范围来划分，会有很多关键人物，来自公司核心层的、分公司高管层的、主管一级的乃至一个办公室的。为何要精确到办公室这一级呢？办公室是员工们八小时内的工作地点，自然形成一个人脉圈，这个圈子自成系统，关键人物往往不是领导和资深同事，而是那些八面玲珑的办公室能人。他可能无职无位，却善于处理办公室人际关系，对新入职的员工来说，这种人就是现阶段最要紧的关键人物。他会提供公司生态第一手资料，让你尽快熟悉环境，会在最紧要的时候为你出面说话，让你获得更好的机会。直接上司或者助理通常是本部门的关键人物，员工的一举一动都在他掌握之中，员工的升迁、调整、加薪等也必须通过他这一关。新员工变成资深员工，成为公司基层管理人员后，关键人物会随之改变，财务部经理、人力资源部经理、公司内的牛人（业务骨干或老板亲信）、公关部经理乃至核心管理层的人员，都可以纳入目标，成为关键人物。员工成长为中层管理人员，关键人物的目标就缩小到核心层。

找到最有用的关键人物

其实上面也讲到关键人物并非位高权重，而是对你最有用的人。比如为奖励有突出贡献的员工，公司与某房地产商合作，准备奖励一批优秀员工团购商品房，你可能成为购房者中的一员，此时对你最关键的人物可能不是公司老板，而是公司内部负责制定入选名单的人。顺便提醒一下，对你来说，也许觉得这种关键人物只是暂时的。但即便这样，也切忌过于势利，因为有的人虽然对你的成长暂时用处不大，但世事难料，没准今后会在另一件事上成为你的有用助力。所以不妨待人真诚一点，将目光放得长远一些。

与关键人物搞好关系

作为一个普通员工，特别是刚进入公司的新员工，要接近关键人物都很难，还怎么谈得上搞关系呢？其实，套用一句老话：一切皆有可能，只要你有心。可以利用关系传递抓住关键人物，这里又回到著名的六度空间理论了，只要努力去做，通过关系的关系，肯定会接近关键人物。

如果这个有点抽象，那么从小事做起不失为一个抓住关键人物的好办法。公司进入迅速扩张期，小黄成为本年度众多加入公司的应届毕业生之一，众多新员工在人力资源部的带领下到郊外某拓展训练基地集中培训。绝大多数新员工按部就班地上培训课、完成训练任务，而小黄却多了个心眼，在完成既定功课的同时，主动帮人力资源部的同事布置会场、组织人员，特别留意在人力资源部的领导面前表现自己的能力，结果没等集训结束，人力资源部经理就相中了小黄，将其调入人力资源部工作。半年后，小黄又被经理推荐为事业部经理助理。这个例子的关键，不是小黄做了什么事，如何表现自己的能力，而是他找到了自己人际关系中的关键人物，即负责他们培训之后具体岗位分配的人。

◆ 高效交际就是让关键人物把你当作自己人

既为关键人物，就有其独特的为人处事方式，还有很多常人没有的个性，甚至坏脾气。要与关键人物搞好关系，必须先要学会与他们相处。我尝试对关键人物归类分析，总结了一些他们共同的“坏脾气”。

孤独

关键人物常表现出离群索居，特别是与下属相处的时候，一方面他们曲高和寡，一方面他们担心太多的干扰影响判断。韩国三星集团曾经的掌门人李健熙奉行“木鸡”哲学，经常独处一室“呆若木鸡”地思考，有时甚至长达几天几夜。

严厉

关键人物严于律己，严格要求他人，对犯错的人更会无情批评和处分，有时甚至冷酷无情。

凶悍

关键人物与对手的竞争中有狼性，只要认准目标，绝对坚持到底；与不同意见交锋时咄咄逼人。

顽固

关键人物经常受到众星捧月的优待，性格大多顽固，不容易被旁人左右。

诸如此类，还可以罗列出很多，大家不必一一熟记，只需要明白我想说的最重要的内容就行了。所以，与关键人物相处时固然不需要阿谀奉承，溜须拍马，但他们的一些“坏脾气”大多数需要顺势迁就，才能和他们搞好关系。

那我们自己应该做些什么，才能真正搞定关键人物呢？

做到忠诚

诚信是人际关系的基石，而忠诚是接近关键人物的法宝。事业刚刚起步的员工，首先要学会尊重和服从，要发自内心地将关键人物当成老师和前辈，服从命令，听从指挥，不折不扣地完成对方交办的工作。其次，要勇于承担责任，为自己的言行承担后果，必要时为关键人物分担责任，才能充分体现对领导和团队的忠诚。最后，需要干出实在的业绩，因为业绩是忠诚度的最好体现，它是关键人物从你身上获得的价值，最容易得到关键人物的认可。服从、担责或做出业绩，都需要聪明灵活的头脑和较强的个人能力，袁世凯深得不同的关键人物的信赖和提携，极为重要的原因是他本身有很强的军事才能和交际手段。一旦在关键人物的眼中留下碌碌无为的印象，就算你使出浑身解数也于事无补。

学会欣赏

俗话说，情人眼里出西施，只有情感上达到认同、欣赏，才能真正尊重和服从关键人物，时刻赞扬并以之为榜样。有了认同和欣赏，能原谅和扬弃关键人物身上的缺点，真心接受对方提出的批评和意见，及时检讨并做出自我批评，还要有弥补不足的行动。

关键人物并不是纯粹以地位划分的，有时候，你的下属或后辈，也可能是你的关键人物。但无论具体关系是什么，有了发自内心的欣赏，你才能给他们成就感，让他们愿意帮你。

为人谦逊

谦逊是一种品质，一种美德。在关键人物面前一定不能卖弄聪明和学识，因为你这点资本在团队中算不了什么，与关键人物相比更是相形见绌，故意表现会让对方觉得你自吹自擂、华而不实。不但不能卖弄，有时还要假装无知，以迁就关键人物的自尊。关键人物出现明显失误时，务必选择容忍，特别是有圈内其他成员在场时，即便对方的言行对你造成直接伤害，也一定要照顾对方的面子。

帮助他人

一个好汉三个帮，关键人物不是万能的，他们需要获得更多的支持和帮助。尤其是在关键人物犯难时，比如为了团队的长期利益不得不牺牲员工的眼前利益，这种时刻你一定要站在对方的角度想问题，共进退同患难是最容易和他人建立友谊的方法。

忠诚、欣赏和谦逊是从主观情绪来理解对方，帮助则来自你的实际行动，只有这样才能更好地将朋友圈中的“1”更多地变成你需要的关键人物。

◆ 离开关键人物，你依旧很厉害

关键人物无疑可以在很多时候给我们提供有力的帮助，也可以让困难的事得以轻松解决，所以我们这章才仔细谈了这个话题。但千万不要走入一个误区，很多人过于迷信关键人物，将其作用过分夸大，这是一种很危险的倾向。

之前说过，很多关键人物其实只是因事成人，刚好处于那个关键的位置上。

关键人物可能源于机遇

这种人的个人禀赋及能力均无法达到关键人物的水平，但机缘巧合使他获得关键位置。这种关键人物只是暂时的，人际关系处理得好，他可以成功隐退，处理不好则可能招致祸患。

最合适的例子，莫过于《水浒传》的故事。梁山的兴盛与王伦、晁盖、宋江三个人物有密切的关系。特别是王伦，原本是一介书生，略懂武功，凭借地方豪强的资助，担任梁山的首任寨主，暂时成为关键人物。但此人心胸狭窄、嫉贤妒能，屡次刁难前来入伙的林冲、晁盖等人，生怕后者夺了他的“关键”之位。结果圈子里的成员林冲大胆质疑并否定这位关键人物的地位，一刀结果了他的性命。王伦的才德均不能胜任关键人物之位，如果他能够及时明白这一点，礼贤下士，甘愿退居幕后，下场不会如此悲惨。

人贵有自知之明，在有幸得到关键人物之位时，一定要珍惜并努力巩固，如果实在不能胜任，应当急流勇退。作为普通员工，应理智地看待这一现象，对关键人物不可盲从，但必须要像林冲一样等待时机。

关键人物本身就是错误

现实生活中，很多人并不靠自己，也不需要机遇，作为“富二代”或“关系户”，他们一出生就注定会做一回关键人物。关键人物能否做得长久，能否给圈子带来进步和发展，就要看人物本身的造化了。

对温州人来说，波特曼餐厅曾经是最熟悉的就餐地点。但在不到 20 年的时间里，这个二级城市的餐饮龙头企业实实在在地坐了一次从创业到辉煌再到倒闭的“过山车”。老板最初只是开了个小卖部，后扩张为好利来超市，于 21 世纪初在温州市中心开设了波特曼西餐厅。面对营业额不能突破、餐饮业普遍不景气的现状，老板体现了关键人物的价值，他亲临一线激励员工，增加店内菜品，迅速扭转局面，且以每年一家的速度扩张门店。为了管控日益做大的企业，老板聘用亲戚担任关键人物，分别担任厨房总监、服务总监、工程总监等职务，这些对专业技能要求极高的关键职位，怎能错误地让外行充当呢？扩张受阻，转型失败，波特曼餐厅迅速遭遇滑铁卢。

在任人唯亲的流弊尚未根除的当下，一定要正确看待这一现象。如果圈子风气很不正常，你已无法容忍，或圈子明显让关键人物带入歧途，你可以选择赶紧离开或努力让自己成为关键人物。

关键人物可能来自权谋

很多圈子特别是政治圈，不少关键人物取得关键位子靠的并非出生入死的拼搏和刻苦努力的积累，而是凭借权谋巧取豪夺。中国古代有宫廷斗争，演绎了一出出权力之争的悲剧。

接着《水浒传》的例子继续讲：王伦之后，晁盖做过一阵梁山头领，晁盖死后，宋江接替了关键之位。一切似乎顺理成章，但实际上，宋江时代的到来是迟早之事，也就是说，宋江替代晁盖是必然的。因为晁盖没有长远打算，只图营造一个安乐窝让兄弟们潇洒快活，早年追随他的一批兄弟倒是乐得自在，但类似林冲这样怀有国仇家恨或军师等有远大抱负的好汉们肯定不会满意。

晁盖最欠缺的是宋江的权谋，宋江先再三退却，迟迟不上山入伙；上得梁山后，处处小心谨慎，多次谦让头领之位。宋江表面谦让退却，实则一直惦记关键位置。刚上梁山，他就打出“替天行道”的大旗，将梁山的事业提升到一个高度，也赢得百姓和朝廷的认同；他还以“都是兄弟”为托词，推翻以前论资排辈的规矩，为自己后来居上寻找依据；他更是多次以晁盖是一寨之主为由，主动申请带兵征伐，逐渐掌控了兵权。仅凭这几条，晁盖就不是宋江的对手，迟早连关键人物的名分都没有了。

“权谋”是个中性词，人人都可将其为自己所用。不过，对凭借权谋上位的关键人物，必须谨慎行事。普通员工那点所谓的筹划，在关键人物看来不过是小聪明，要虚心学习关键人物的权谋之术，但千万不能班门弄斧，以免弄巧成拙。必须脚踏实地干出业绩，因为关键人物最需要这种实力的支撑。

我想提醒大家思考一点：若是你变成关键人物，在得意之余，请一定想清楚自己是如何走到这个位置上的，冷静客观地看待自己的优缺点，才能长久保住关键之位。

◆ 资质平平的你，如何成为关键人物

既然关键人物也是普通人，其角色随着时空变化而不断转变，那么，只要树立目标并为之努力，你也能成为圈子里的关键人物。

前面我们曾举过李嘉诚先生的例子，那么现在不妨来详细讲讲他的工作经历，看看李嘉诚是如何从一个普通人成为圈子里的关键人物的。因为家庭原因，李嘉诚未完成学业就先后在香港的五金厂和塑胶制造厂当推销员，并先后成为两个企业的关键人物。

在五金厂，李嘉诚推销的产品是白铁桶，客户集中在日杂货店铺，推销员的竞争几近白热化。李嘉诚采取直销的方法避开锋刃，将生意直接做到酒楼旅店里面，直销的价格优势和便捷让客户尝到了甜头，李嘉诚很快取得骄人业绩。但集团购买毕竟有限度，最广阔的市场在中下层居民区，李嘉诚将推销目标锁定在退休老太太身上，让老太太成为义务宣传员，此举让李嘉诚大获成功，成为老板器重的关键人物。

此时，李嘉诚敏锐地捕捉到当时算是朝阳产业的塑胶业，看准其将成为众多木质或金属制品的替代品。关键人物在这时表现得与众不同：首先，李嘉诚跳槽去了塑胶公司，为日后开办“长江塑胶厂”迈出了第一步；其次，他给了五金厂老板关键的谋划：及时转行，以免被塑胶制品挤压。老板果断转行生产锁具，避免了破产的命运。

李嘉诚如何从一个普通打工仔成为企业的关键人物呢？后来者会从他身上总结出千万条成功秘诀，但我认为最重要的是勤奋。他既没学历，又无经验，只能靠勤奋，每天坚持工作 16 个小时，在走街串户的推销实践中提升技能积累经验。还有学习，李嘉诚在长时间的工作之余，还是挤出时间参加各种培训，同样学历的“汽车大王”李书福也是通过参加工作后的不断学习获得了专业知识。此两点，是获得关键人物必备素质的前提和途径。

具备知识、技能之后，还要有人脉。从老太太到酒店采购员，销售圈的同行，五金厂和塑胶厂的老板，都是李嘉诚的人脉关系。

最后，成为关键人物需要勇气和判断力。李嘉诚有在顺境中看到危机的判断力，还有从关键位子上急流勇退的勇气，因此才能在日后每个阶段都成为关键人物。

每个圈子都有关键人物，有的还不止一个，他们是实现团队目标不可缺少的人物，也是让圈子正常运行的人物。关键人物如此重要，如此稀少，价值也非同凡响，是不是每个人通过努力都可以成为关键人物呢？

雅虎前副总裁赛斯·高汀，曾著有多部畅销书，也是全世界最受欢迎的商业博客主之一。他研究表明，关键人物通常有七个共通的能力，包括：扮演组织成员间的独特接口、提供独特的创意、管理极度复杂的处境或组织、引领潮流（告诉顾客现在流行什么）、激发员工士气、提供深度的专业知识与具备独特的技术或能力。我们不妨捡个便宜，对照七个方面将自己检查一番。

“扮演组织成员间的独特接口”指的是成为成员之间的纽带，成为所有成员都乐于联系的枢纽，也就是变成我们所探讨过的圈内焦点。这就需要分析自身是否有足够的谦虚、大度和耐心，是否愿意花时间倾听和沟通。

“提供独特的创意”和“引领潮流”指创新精神和独创性，需要认真思考，勤于实践，不断提出至少圈内成员没有的新方案；还要勇于走在时代的前列，做成员的带头人。

“管理极度复杂的处境或组织”指的是一个人的管理能力，如果连身边的人都管不好，那趁早学习提高，不然死了成为关键人物这条心，因为关键人物同时也是好领导。

“激发员工士气”，关键人物的言语极具魅力和鼓动性，总能想方设法带领团队走出逆境，去争取一个又一个成功。

“提供深度的专业知识与具备独特的技术或能力”指那些拥有核心或专利技术的人，比如掌握可口可乐配方秘密的人，他们就是关键人物。如果你能够成为公司的技术核心，只要离开公司就会给公司带来巨大的影响，那么无疑你就是举足轻重的关键人物。当然这一点不是每个人努力就能做到的，如果你幸运地拥有某一方面的天赋，请一定好好珍惜，不要浪费上天赐给你的宝贵机会，尽量让自己成为关键人物。

总之，如果你每时每刻都保持清醒的头脑，明白这个世界、这个团队的发展态势和方向，全身心地投入到工作中并力求做出改变；能将成员团结在你的周围，带领大家努力工作；能在实践中不断修正错误，寻找并瞄准正确的发展方向，那你离关键人物就不再遥远了。

05 等待永远不如主动创造

◆ 你要抓住别人等待的时间蓄势

小学语文课本中有一篇课文《寒号鸟》：

山脚下有一堵石崖，崖上有一道缝，寒号鸟就把这道缝当作自己的窝。石崖前面有一条河，河边有一棵大杨树，杨树上住着喜鹊。寒号鸟和喜鹊面对面住着，成了邻居。

几阵秋风，树叶落尽，冬天快要到了。

有一天，天气晴朗。喜鹊一早飞出去，东寻西找，衔回来一些枯枝，就忙着垒巢，准备过冬。寒号鸟却整天飞出去玩，累了回来睡觉。喜鹊说："寒号鸟，别睡觉了，天气这么好，赶快垒窝吧。"寒号鸟不听劝告，躺在崖缝里对喜鹊说："你不要吵，太阳这么好，正好睡觉。"

冬天说到就到了，寒风呼呼地刮着。喜鹊住在温暖的窝里。寒号鸟在崖缝里冻得直打哆嗦，悲哀地叫着："哆罗罗，哆罗罗，寒风冻死我，明天就垒窝。"

第二天清早，风停了，太阳暖烘烘的。喜鹊又对寒号鸟说："趁着天气好，赶快垒窝吧。"寒号鸟不听劝告，伸伸懒腰，又睡觉了。寒冬腊月，大雪纷飞，漫山遍野一片白色。北风像狮子一样狂吼，河里的水结了冰，崖缝里冷得像冰窖。就在这严寒的夜里，喜鹊在温暖的窝里熟睡，寒号鸟却发出最后的哀号："哆罗罗，哆罗罗，寒风冷死我，明天就垒窝。"

天亮了，阳光普照大地。喜鹊在枝头呼唤邻居寒号鸟。可怜的寒号鸟在半夜里冻死了。

这里不惜浪费笔墨，将之抄录于此，是因为这则简单的寓言故事说明了一个极为重要的深刻道理，这个道理你也许听过无数次，但我觉得还是很有必要再一次严肃地强调一遍：

等待就是懒惰的借口。天上不会掉馅饼，等待从来不会赢得成功。

美国有一句谚语："懒惰是个能使你的抱负落空、破坏你的幸福，甚至夺去你的生命的恶棍。”正如前面那只寒号鸟，当冷起来时就借口明天开始，但迟迟不采取行动做过冬准备。懒惰的人养成拖沓懒散的恶习，将眼下能解决的事情尽可能拖延下来，期望有人帮忙把事情解决掉。实际上，没人帮你解决，拖延的结果就是任何事情都办不成。

说个我自己的憾事。前几年我曾迷上自行车骑行，多次与骑友商谈骑行西藏的计划。但每当骑友做出发准备时，我就为自己找借口：“等结婚了再说”“等孩子大点再说”“等身体锻炼得再好些”，就这样一而再再而三地等待，当年的骑友大多实现了梦想，而我依然还在为圆梦做准备。

而成功返回的朋友告诉我，其实骑行西藏与日常骑游没多大区别，一切都取决于能否下定决心，最重要的是能不能明天早晨就上路。我以等待为借口，浪费了无数次骑行西藏的机会，深以为憾。每个人的生命中都有无数借口，就像致命的腐蚀剂，在不知不觉中消耗着我们的生命。

等待是畏惧的托词

胆小的人坐过山车，总会待在队伍后面对同行者说，还没准备好，等下一批吧，左等右等，最终都没能坐上过山车。很多等待者不立即采取行动，很大的原因是担心失败，没有挑战的勇气和决心。等待不会失败，还可能小有积累，行动则有成功和失败两种可能，一旦失败则失去更多。因此，很多人宁愿将理想埋藏起来，用一个个等待为幌子，安享风平浪静的舒适生活。

等待的害处多多，但人生确实又需要等待

这里的等待，不是静止不动，而是积蓄力量、等待时机，也就是蓄势。

正如发令枪响前，短跑选手在起跑线上蹲下身子，全身肌肉绷紧，以获得起跑时的爆发力，这就是一种蓄势。因此，等待不是静态的，而是动态的过程。等待之时，其实已经开始向目标前进了，等待的每一天，都在继续行动。等待不是原地踏步，而是每天都在取得新的进步。

丁磊缔造了网易、马云打造了阿里、李彦宏创办了百度、马化腾打造了腾讯……一个个成功人士和互联网神话几乎让每位大学生津津乐道，但大多数人忽略了一个问题：创业者的蓄势。仅以丁磊为例，1993 年毕业于电子科技大学，1997 年创立网易公司。在其他公司工作了差不多 5 年（大三就在电脑城打工），而丁磊的蓄势期则应算到 10 年前，上初一的他就能组装当时最复杂的六管收音机。

不要小看等待阶段的蓄势，它可以让你积累人脉和最基本的资本，将理论知识迅速转化为实践技能，尽可能地融入社会，为成功打下坚实基础。

有社会研究机构认为，从学校毕业踏入社会的最初三年，基本上能决定一个人的事业走向和成功率。研究机构的着眼点是，在这三年里，研究对象是忙着恋爱、结婚、过日子，还是在学习提高、寻找项目或物色人脉；是将收入花在吃喝玩乐上成为月光族，还是有计划地积攒资金（购买书籍或设备）。前者将碌碌无为、平庸一生，后者则大多会做出一番事业。虽然这个结论有些偏颇，但却从一个侧面反映出等待不是消极的等候，而是积极投身其中的蓄势过程。

◆ 恰当地表现自己，反而能赢得尊重

“藏锋”和“亮剑”是两种生活态度，分别对应为低调和高调。大多数情况下，低调表现为谦虚、谨慎、不张扬，不少人将其奉为一种美德。这种源于道家的处世哲学成为中华文化的一部分，究其原因，与两千年强大的封建专制统治有关。它要求人们不显露财富，不张扬名利，谦卑为人，谨慎做事，但同时，也常常表现为对能力的隐藏。

无论生活在哪个时期，低调作为一种生活方式，最接近本真，有百益而无一害，但如果片面援用到为人处世上，则会丧失很多机会。中国古代也有不少高调者，勇于自荐的毛遂、要求提高待遇的冯谖、装疯卖傻的庞统等，都属此类，他们努力展现自身优势，迅速从圈子中脱颖而出。

这里的“亮剑”，亮的是一个人的态度和能力，以及随之而来的业绩。

首先，对圈子和成员要表现出极大热情

一个人可能对工作单位不满意，但单位及同事们（包括上司）并非是造成你不满意的根源，因此，必须热爱圈子和圈内的成员。切忌将个人好恶带到圈子内来。热爱之后还要对圈子投入感情，热心圈子的工作和公共活动，对圈子的发展前景及成员生活表现出极大兴趣，才能赢得圈子的接纳及成员

的友情，从而很快融入圈子之中。每个公司都有两种员工，一种人只做好分内的事，对于其他事一律采取“事不关己，高高挂起”的态度；另一种人不但努力完成分内工作，还积极投入各类活动，勤于帮助他人，与其他员工打成一片。上司肯定喜欢后者，并将各种机会留给后者。

其次，要勇于担当

对于圈子的一般成员，不管态度如何诚恳，领导一般不会将最重要的工作交办下来，但绝对要能够承办最麻烦的工作。比如，那些部门或岗位较差而不易界定的工作、与业务无关的事务性工作，还有一些脏乱差的工作，这些工作别人不愿干，甚至费力不讨好，在上司看来也很棘手，此时最需要一个人站出来为之排忧解难。有的人正好以“低调”的借口保护自己不吃亏，但及时“亮剑”的人绝对能赢得上司的好感，如果能圆满完成任务，则会赢得一次展现才华的大好机会。

一家食品公司正进入一年一度的销售大战阶段，每位员工都在为完成任务而努力，不幸的是此时一位员工在送货路上出了车祸，急需一个人陪同副总经理前去处理善后事宜。见迟迟没有人主动报名，仅工作一年多的小黄主动请缨。为此小黄不但遭到部门主管的批评，还收到很多同事“爱出风头”的嘲讽，小黄当月没能完成工作任务，但凭借参加法学自考掌握的法律知识，花了几天时间，小黄配合副总顺利地处理了此次突发事件，得到管理层的高度评价。

有担当的另一个重要方面当然是担责。责任感是职场人的优秀品质，也是为人的基本素质之一。对属于自己的责任要勇于承担，对不属于自己但与自己有关的责任也要积极面对，才能赢得圈内成员及核心层的信任。

最后，及时提出意见和建议也是“亮剑”的一种方式

圈子决策层发布命令、布置工作，需要成员们不折不扣地执行，也需要收到中肯的反馈意见，以便完善和修订决策。而提意见和建议也是能力的一种体现，能力强、积极思考的人会认真总结分析，发现问题并及时上报。应该注意的是，意见和建议必须从大局着眼，而非斤斤计较个人或小团体的利益；意见和建议务必有助于圈子的整体进步并具有可行性。

掌握了“亮剑”的方式，还要讲究“亮剑”的方法。低调“亮剑”，二者之间看起来有点矛盾，其实是和谐统一的。态度要积极，敢说敢做，但行动时则保持低调。比如上文的那位小黄，作为一名新员工，有主动请缨的勇气，但一定要在老员工没人报名的前提下，且在处理事情过程中务必把握分寸。“亮剑”更要“藏锋”。勇于担责、积极建议都是很好的“亮剑”方式，但不可让“剑”锋芒毕露而伤害别人。例如，在担责时，有人会说：“多大点事嘛，算在我头上，我不像其他人，犯了错误不敢承担……”既然主动承担了责任，圈内成员及上司都看在眼里，没有必要打击一大片，让自己树敌过多。在建议时，更要朝着积极的方向，而不是向做得不好的成员发难。“亮剑”要懂得“回鞘”，表现要适可而止，收放自如。如果拔剑之后得意忘形，剑锋外露，寒气逼人，让别人不敢接近，自己也容易受到伤害。亮剑之后，最好点到为止，以等待下一次机会。

◆ 没有机会，这是弱者的借口

“我之所以不成功，缺少的就是一个机会。”“机会对于每个人都是均等的，但唯独不降临在我身上。”诸如此类的话，经常挂在我们的嘴边。有这么一个故事最能说明这些言论：

两位同学同时从上海某大学毕业，因为种种原因，一位同学应聘到外资企业，另一位同学迟迟找不到好的工作，最终去一家保洁公司做了一名清洁高楼外墙的“蜘蛛人”。某一天，“蜘蛛人”在外资企业窗外工作，挥汗如雨，而他的那位同学正在豪华办公室里和同事们侃侃而谈。同学见面，感慨万千——外企办公室内的同学已经成为部门主管，有车有房有女友，“蜘蛛人”却还在为一日三餐发愁。

正是机会导致了事业的分野。“蜘蛛人”来自农村，靠助学贷款完成学业，无任何家庭背景和社会关系可以借助，在大上海立足的难度可想而知；而他的同学本来就是上海人，占尽了天时地利人和。讲到这里，有人会说，两位同学起点一样，如果“蜘蛛人”有一个好的工作机会，不会比他的同学过得差。我们尽可以抱怨机会不均、命运不公，但谁能获得机会、获得什么样的机会，客观条件的影响是有限的，很大程度上取决于每个人的主观能动性。

接着看上面的故事：也许是受到与同学的奇特见面的触动，“蜘蛛人”第二天没去上班，花了差不多一个星期思考人生并重新规划，最后他决定白手起家，从最低起点开创新的人生。依靠这几年的积蓄和借来的钱，“蜘蛛人”自立门户，在一个狭小的门面房里开办起自己的保洁公司。这个很长时间内领导和员工只有一个人的公司生存艰难，但他没有退却，而是积极物色员工、苦练高楼清洗技术。一座座高楼耸立起来、城市对市容要求提高时，“蜘蛛人”借助媒体的一篇报道《××大学毕业生做“蜘蛛人”为城市美容》，使公司的业务呈现爆发式增长。他的保洁公司迅速做大，慢慢进入物流、商贸领域。

如果没有主动创造机会，这位同学可能还和大多数打工仔一样，在城市辛勤奔波，整天抱怨物价和房价，却依然看不见一点机会。抱怨是最没有用的一件事，唯一的作用就是把负面情绪带给其他人，最终让人际关系中的其他人对我们厌烦。

耐心地等待创造机会的时机

并非每个人都可以直接创造机会，资源是需要积累的，积累的过程因人而异。但我建议不要急功近利，心态、能力、资金、人脉，都需要用时间去换，时间越久，经历越丰富，机会就越多。而基础越牢固，事业的大厦越稳当。足球赛场上，两队实力旗鼓相当，防守都做得滴水不漏的情况下，胜利往往属于稳扎稳打的那队，因为它能利用对方的失误制造进球机会。

寻找并创造机会节点

每个人都有自己最适合的环境，只不过有的人找到了，有的人一辈子都在寻找或适应。上文所举那个保洁公司的例子，那位同学虽然起点很低，但好处是进入这种圈子不需要太多资本。也正好让自己全新出发，在实践中创造机会。如果他和其他同学一样，顺利进入职场，也许会遇到更多机会节点，但事情最终成功，最重要的那一步还是得靠他能够抓住机会。从某种意义上来讲，这种能够抓住机会的人，无论是在哪种环境之下，成功的概率都会比浑浑噩噩混日子的人高出许多。

永不服输地创造机会

中国传统文化讲究“三十而立、四十不惑”，似乎三十岁之前（随着社会发展这个年龄已经延后）没有“立”（创造事业），此人就该慢慢过渡到不惑之年，最终在五十岁时“知天命”——顺势而为，不追求结果。大凡成功人士，都有永不妥协、永不服输的心态。每次事业失败，他们不会怪罪领导、员工或外部环境，更不会认定命该如此，而会认真总结经验，寻找自身存在的不足，再次创造发展机会。

在创造成功机会的道路上，心态很重要。只有耐心等待时机、专心寻找机会节点，具备坚持不懈的耐力，才能创造更多的机会——总有一个机会能帮助你获得成功。

◆ 每个人都会成功，就看你给不给自己机会

机会隐藏在日常琐事之中，往往不期而至、稍纵即逝。对于善于把握的人来说，机会意味着成功的切入点，但有的人会坐等机会白白流逝。因此，

除了时刻保持积极主动，还必须掌握抓住机会的方法和技巧。

1. 要学会判断机会

“机会”的定义是：具有时间性的有利情况。这就要求能够对机会做出及时准确的判断。

“台塑大王”王永庆先生一生中的几次成功飞跃，就在于对机会及时准确的判断。王永庆在16岁时开了一家米店，通过上门推销、精选大米等方式迅速做大米店，之后又筹办碾米厂，完成了资本的原始积累。

抗日战争胜利后，台湾百废待兴，王永庆抓住建筑业迅猛增长急需建材的机会，迅速转行经营木材生意，成为业界有名气的商人。就在生意蒸蒸日上时，王永庆又抓住了另外一个机会，投资塑胶业。

巨额投资进入后，王永庆与人合伙创办的台湾第一家塑胶公司却遇到供大于求的严重问题。当合伙人退出而不得不背水一战时，王永庆又一次显示了卓越的判断能力，反其道而行继续扩大生产以降低成本，最终获得巨大成功。

2. 一旦抓住机会就不要放手

机会得来不易，一旦抓住就要牢牢把握，坚持不懈直到成功。机会对任何人都有用，特别是圈内的成员，每个人获得这个机会都可能抵达成功，稍有不慎机会就会被别人抢走。王永庆认准投资塑胶业的机会，即便失败或前景暂时暗淡时也一往无前、坚持不懈地努力，最终获得巨大成就，而他的合伙人对前景产生怀疑中途放弃，丧失了成功的一个机会。

机会出现时我们要善于抓住机会，不轻易放手，因此在日常工作中就要做好迎接机会的准备，这样才能在机会到来时有充分的能力驾驭它。

3. 在细微处抓住机会

机会常隐藏在细小的环节之中，容易被大多数人忽略，只有极少数人认真观察、积极思考，能够发现并抓住它。20 世纪 70 年代，鲁冠球先生与团队接管了公社（相当于现在的乡）的农机修配厂。

厂子很小，生产的产品大量积压，职工半年领不到工资。为了渡过难关，鲁冠球带人全国各地跑销路。为参加全国汽车零部件订货会，他租了两辆汽车，满载自己的产品直奔山东。作为一个名不见经传的乡镇企业负责人，鲁冠球根本无法进场洽谈业务，只能在场外摆地摊。但那些财大气粗的汽车客商对地摊上的产品看都不看一眼。

这时鲁冠球留意到一个细节，订货会上的买方与卖方大都在价格上进行拉锯式的反复谈判。于是他抓住价格的优势，赶紧打出降价的通告，以低于其他厂家 20% 的价格，迅速获取了大批客户。企业的产品脱销，还获得收益不菲的订单，鲁冠球抓住了难得的机会，让企业起死回生，他的企业日后成为中国第一家上市的乡镇企业。

4. 逆向思维获得机会

有的人脚踏实地努力工作，却迟迟得不到晋升，有的人刚参加工作没多久就得到上司赏识。有人调侃这样的现象为：资格老不如运气好。的确，运气是一个方面，但不能忽略的是，刚参加工作者的逆向思维方式起到了很好的作用。

同样是推销员，李嘉诚能获得骄人业绩，在同行中遥遥领先，原因在于，绝大多数推销员都循规蹈矩地沿用传统推销方式，瞄准宾馆酒楼、五金零售店等大客户，但李嘉诚另辟蹊径，从每次只买一两个铁桶的家庭老奶奶入手。圈内资历老的成员养成固有的工作方式，不容易突破自我，而新成员则没有条条框框的约束，可以大胆想象和创新，进而从反方向思维，获得别人都意想不到的机会。

5. 抓住错过的机会

世上当然没有后悔药卖，但对于机会并非如此。同样的机会可能只有一个，但你会遇到的机会绝对不止一个。因此，错过一次机会，一定要总结经验教训，抓住下次机会。有的员工在公司干了十几年，好不容易得到一次晋升的机会却被自己搞砸了，便认为自己命运不济，机会不会再光顾，从此心灰意冷，决定淡出江湖。可没过多久，部门经理因表现突出被提拔到分公司担任副总经理，机会又一次摆在面前，但他由于之前态度消极，只能再一次错过机会。

06 共享才是王道

◆ 拒绝接受帮助的人一点都不酷

随着商品经济和信息化时代的到来，门类齐全的私人订制服务让我们的生活越来越便捷，但也导致很多人进入一个认识上的误区：不需要别人的帮助照样过得很好。诸如“求人不如求己”之类的说法越来越流行，消费 AA 制、工作按规矩办、服务靠购买，人与人越来越疏远，圈子成员的人际关系越来越淡漠。

拒绝别人帮助的原因无非以下几种：一是自以为问题严重，不愿意让别人知道。其实只要不是原则性的问题，大可不必庸人自扰，有些困难对某个个体显得重大，但放在群体之中则算不上什么困难，大多是因为虚荣心作怪。比如家庭经济困难、健康状况出问题、恋爱失败等等，担心别人知道了会影响自己的形象或事业进步，宁愿自己扛着也不愿说出来。二是担心欠人情债。这种人缺乏与朋友之间的信任和较深的感情，担心欠人情而不愿意接受他人帮助。如此种种，都不应该成为拒绝帮助的理由。

以上原因引申开去，可以发现拒绝帮助的种种危害。将困难扩大化的人，背负沉重的思想包袱，整天忧心忡忡却不说出来，让周围的人跟着担心，使圈内弥漫着一种不和谐的气氛。张以俊大学毕业后独自在城市工作，上班一段时间后患上胃炎，身体日渐消瘦，因长时间得不到根治，张以俊担心自己患上了很严重的疾病，又担心被辞退而不敢向公司和同事说明。同事们背后纷纷议论，有的甚至怀疑他在吸毒。得知真实情况后，老总将张以俊的部门经理训斥一番，称其不关心下属。一个常见的小病，就因为本人不愿意别人关心和帮助，搞得圈内关系紧张。

虚荣心强的人，大多是因为自卑。他们处处以强者的面目示人，不愿意暴露自己的弱点。结果不但自己作践自己，还导致圈内成员疏远他，因为只要有了一次拒绝，别人就会在下次提供帮助时考虑再三。林明家庭条件不好，最近父亲又得了绝症，他微薄的薪水几乎全都贴补了家用，不得不节衣缩食。同事发现了这个情况，准备在单位内组织一次募捐，不料林明大为生气，称自己并不困难。出主意的同事被弄得十分尴尬，林明未来的同事关系也就可想而知了。

怕欠人情债是自私的表现。在面对帮助的时候，很多人最先想到的不是接受和感激，而是揣测对方的真实用意，无意之间恶化了人际关系。他们抱着万事不求人的处事原则，实质上是不愿帮助别人。在人际交往中，这种人尽可能地占便宜，当别人有困难时，肯定会摇头拒绝。他们容易故步自封，主动将自己与圈子成员隔离开来。无论是在历史上还是传说中，关羽都是位大英雄，但关羽也有弱点：拒绝帮助。千里走单骑、单刀赴会、独自驻守荆州，就连上战场也只要五百兵士，关羽仗匹夫之勇拒绝帮助，最终落得个无人帮助而败走麦城的下场。

生活中，“帮助”一般与“互相”结成词组，互相帮助，才能共同进步。拒绝帮助的人将失去助人和被助的乐趣，使自己变得冷漠和偏执。获得他人的帮助不等于接受施舍，而是付出的前奏，或者本身已经在付出。去过西双版纳热带雨林的人会看到植物界的奇特景观，高大的乔木和粗壮的古藤缠绕在一起。表面看来，藤利用树干的帮助向上生长，接受阳光雨露，但实际上树也得到藤的帮助，如方便小动物攀援而上，采摘果实传播种子或扑灭害虫，二者共荣共生，枝繁叶茂。

没有一个人能单打独斗取得成功，独立自主和互相帮助并不矛盾，面对善意的帮助首先应该接受，然后再想办法尽力回报。

帮助可能是一声问候，它体现了对方的关爱，足以让人鼓起勇气，快速走出困境；及时说声“谢谢”，就完成一次人际关系的良性互动，在圈内营造温暖的氛围。帮助可能是一次微不足道的举动，但滴水之恩足以救急，无数个水滴足以汇聚成池。愿意接受帮助的人，一般也乐于助人，人与人在互相帮助的过程中实现资源共享，共同获得圈子的力量。

◆ 这个时代有很多资源要和你共享

“资源共享”是互联网时代流行起来的词语，指众多网络爱好者不求利益，把自己收集的一些资源通过一定的平台发布出来，让大家共同分享。通过定义，我们可以了解“资源共享”的基本特征：

共享者处于共同的圈子——网络。共享者的出发点不是为了追求利益，但“享”同时也有分享的意思，虽然不为求利但也不妨碍求利（获得帮助）；必须要有人提供资源（付出），才谈得上共享。

信息时代，分工越来越细密，合作也越来越彻底，每个圈子都必须实行资源共享，成员之间优势互补，才能实现合作共赢。在日常工作中，我们经常进行资源共享。比如，某位同事整理出城市的美食信息发到微信上，让圈内同事乃至很多人都共享。很多时候，我们会自觉地利用资源共享以提高团队的整体工作效率。2014 年足球世界杯，德国队并无世界级的球星，却成为最强大的一支球队。德国队那些并不耀眼的球员，各司其职，又互相支持，实现技术和能力的共享，共同组成一支完美的球队。

资源共享里的“资源”是指优秀的、超前的或人有我无的资源，那些落伍的、人人都具备的资源无法拿来共享。互联网上，共享的多是功能强大且有创新的软件，尽可能提前的影视作品或游戏作品下载资源等等。生活中也是如此，谁也不愿分享过时的、劣等的资源，比如有人在办公室内发布一则过时的消息，同事们都不会感兴趣；而老年同事准备开办一个太极拳分享会，在年轻人占多数的公司里肯定也不会受欢迎。

“共享”是利用优势资源弥补缺陷，获得进步。我上大学时，老师布置了一个课题：在一个星期之内走访校园周边所有商家，形成分类调研报告。大学地处城市热闹地带，周边各类商家至少也有几百家，一周的时间马不停蹄地访问也不能完成。我按东南西北将校园周边商家分为四块区域，与宿舍的另外三个同学各自负责一块区域的调查工作。结果，不到三天时间，我们就完成了各自片区商家的调查，信息交换之后，四人都有了一线的调查报告。课题完成后，我们得到了老师的表扬，因为很多同学没有完成报告，有的人是借助他人帮助完成的。他们或者单打独斗抽样调查，或者请朋友、亲人帮忙，但都不及我们资源共享、合作共赢的方法。市场营销课程老师看重的不单单是调查报告的完成情况，更看重团队合作的处理方式。

作为贯彻互联网思维的资源共享方式，既追求了利益最大化，又促进了圈子的人际关系，看似百益而无一害，但任何事物都有两面性，资源共享在创造价值的同时也暴露出一定的问题。还是从资源共享开始的路径来分析。在互联网中我们通过共享促进资源流通、获得更多资源，但同时也暴露了资源提供方的秘密和优势，更可恶的是，在共享过程中可能感染病毒或遭遇黑客袭击。基于此，建议资源共享最好在局域网内进行。

沿着这个路径推广，人际交往中的共享同样存在相应的问题。一旦开始共享，资源提供者就不再有秘密可言，优势也不复存在。因此，在资源共享时，一定要注意保密。科技成果应由全人类共享，但同时又有专利之说。如今，专利已成为世界上最大的技术信息源。全球都对专利权规定了拥有年限，我们国家的专利法对专利权年限有明确规定：发明专利权为 20 年，实用新型专利权和外观设计专利权为 10 年。在这个期限内，发明创造的首创者拥有受保护的独享权益。国家层面如此规定，个人更应该珍惜独创成果，在与别人分享资源时，务必保护自己的核心优势。公司老板要求销售部搞一个经验交流会，销售业绩位列三甲的小王做了图文并茂的 PPT，将自己的经验进行分享，但这个 PPT 上不可能出现自己客户的名单以及具体联系方式，因为这不属于可以分享的范畴。

共享人要相互熟悉且限定在相应的范围。有的共享人怀着不可告人的目的，有的出于嫉妒，都可能利用共享的时机搞破坏，使资源遭受“病毒”侵害，人际关系被黑客破坏。共享之前可先甄别一下共享人，将资源尽可能发布到可控的圈子之内。比如，单位员工通讯录，发布平台只能限于公司，如被不法分子获取，后果不堪设想。因此，资源共享应该把握范围，对那些别有用心的人，切不可提供资源。

◆ 交际高手都懂得互惠共享

互联网的魅力在于共享，互联网时代就是共享的时代。共享的核心不在“享”，而在“共”，即共同参与，双向互动。天涯 BBS 风格简约，却一度占据社交网站的头把交椅。它备受华人网民推崇的特点在于开放、容纳、充溢人文关切，不管是论坛、部落还是博客，天涯网站都面向草根，紧紧抓住人人为我、我为人人的互联网精神，做到真正以网民为重心，坚持人人平等。在天涯，每个人只要注册一个 ID，就可以在不触犯法律法规的前提下随心所欲地发表文章或图片，也可以随意阅读其他网友提供的资源，网民的双向互动构建出天涯独特的生态营销体系。

人际交往中的共享也应该本着人人平等的原则，让每个分享人都参与其中，只有充分发挥分享者的主观能动性，才能激发真正的双向互动，让共享发挥最大的效能。当下，共享似乎成为流行的交际手段，但在很多传统圈子里，共享只是单纯的分享，甚至变成了命令发布。如有的学校或大企业开展校长或总裁在线交流，形式很好，也属于某种程度上的资源共享，但在实际操作中为维护领导尊严和单位形象，这些单位往往以实名制上线、网络管理员严格监督的方式，使在线交流变成领导讲话，原本意义上的资源共享变成权威发布。很多圈子的分享会都搞成了某个领域的“专家”讲座加听众提问，达不到共享的最终目的。

怎样把握共享中的双向互动呢？

要突出共享资源的价值

作为共享人之一，在给圈子提供资源之前，务必搞清楚资源本身的价值所在。价值体现在其他共享者的认可与接受度上，还包括对共享者产生的影响，这就需要在资源设计时注意为共享人创造价值。举个例子，公司要求每位员工准备个人年终考核材料，同事们都焦头烂额，纷纷去网上搜索工作总结、述职报告。此时，同事们最需要也最能接受和认可的是结合本公司实际的一份个人年终工作总结。有人率先写出了工作总结，但没有立马发到同事们的邮箱，而是进行改动，使总结更具借鉴性，更容易被同事们接受，之后发给同事们。有了这块砖，就不愁没有玉，更多个人总结发到邮箱，同事们在圈内资源共享，最终顺利完成了年终考评任务。

共享的核心环节是互动

很多共享变成单纯的分享，原因在于分享人牢牢把握了话语权，将“分者”与“享者”截然分开。这种做法不独在领导身上出现，普通分享人也会经常不经意地这样做。比如，很多率先掌握优势资源的成员，会因为走在众人前面而扬扬得意，不会虚心倾听不同意见，从而排斥或打压其他共享人，共享容易变成单方面的传播。圈子内的共享，目的不能仅限于资源的相互利用，更在于人际关系的融洽。在分享资源时要持续吸引更多的分享人参与其中，建立和谐的关系纽带。正如创意团队的头脑风暴，人人都可以说出自己的创意，人人都可以对别人的创意提出意见和建议，不断修改完善，实现真正意义上的交流互动。

共享的目的是互惠，互惠也是互动的保证

在节庆时，你会发布一些祝福短信，目的之一是问候和祝福对方，同时也希望得到对方的回应。对方有了回应，你们之间就完成了共享互惠，实现了关系互动。这就需要认真考虑共享资源的价值，及所提供的资源能否给接收者提供实实在在的好处，如果提供的是没用的资源，受众不会积极回应，互惠就无从实现。比如，几个朋友组织户外野炊，有的带了烧烤架，有的带了啤酒饮料，有的带了食物，朋友间就可以资源共享，互相获取利益，实现良性互动。

除去物质利益的互惠，共享更多体现在个人体验上的互惠。共享人提供或分享的资源并不具有唯一性，分享者或许可以通过其他途径得到更好的资源，之所以从圈内分享，原因之一是安全可靠，还有一个原因是将资源共享当成一次交际，完成情感的双向交流，进而增进彼此间的友谊。相较于其他关系，同学、战友关系更被珍惜，原因在于同学或战友之间并不注重利益上的互惠，更多的是体验式共享，如一个笑话、一次活动、一次训练，这些不带利益的经历却能给人带来情感上的共享，使彼此间的关系更加紧密。

◆ 4 个特征帮你寻找适合的共享人

共享人与合伙人比较接近，共享人可以成为合伙人，合伙人在一定时间段可以是共享人，但二者并不等同。共享人不一定长期合伙做事，而合伙人也不会始终共享资源。合伙人要求有共同的价值观，具备共同经历，能优势互补，还有人数限制，而共享人则不需要有共同的价值观和共同的经历，也可以有相同的优势，在人数上也没有限制。合伙人的能力直接影响事业的成败，而共享的成功与否与共享人本身关系不大。

这里，我们还要将实际交际圈子的共享人与虚拟圈子的共享人区分开来。虚拟共享人可以是一个陌生人，甚至对手或敌人，只需要一个代号（账号），就能实现信息资源的共享。如在百度百科上共享信息，考虑的只是信息本身的真实性和准确性，没有必要考究共享人。但对实际共享人则有一定的要求，比如，非特定要求，不可能与敌方阵营的人共享，即便在朋友圈、同事圈选择共享人，也要考察对方的动机目的。现实生活中，有只单方面获取而不付出的共享人，有虽然付出但以窃取共享资源为目的的共享人，还有传播“病毒”的共享人。因此，不可不仔细甄别。

1. 要认清共享人的道德品质

对于共享人，可以不要求相同的价值观，甚至可以允许他有不正确的价值观，但必须要坚持基本的道德底线。不同的人抱着不同的目的加入摄影圈，有的主要为了提高摄影技能，有的主要为了结交旅游玩伴，这些都不妨碍对摄影知识和摄影活动的共享，但如果有的人试图打着人体摄影的旗号玩弄女性，则应果断地将其从共享人名单中剔除。还有人素质低下、人品不好，抱着不可告人的目的加入共享，也应随时提高警惕。共享人最好能做到诚信正直、诚恳大方，至少在共享的过程中做到这一点，虽然每个人有不同的价值追求和利益取向，但只要坦诚相见、不打小算盘，就能成为很好的共享人。

2. 共享人至少有一个目的一致

共享人不要求所有的目的一样，但至少有一个目的接近。比如，硕士研究生考前交流班的成员互相交流知识、交换考试准备方面的信息而成为共享人，其主要目的——提高考试成绩——是一致的。如果有考研培训班的工作人员混进来，时不时也提供一些辅导资料，但在共享活动中主要目的在于获取考生信息，这个人则不是所需要的共享人。

3. 共享人要懂得付出

前面说过共享是双向互动的，每个共享人的贡献不是对等的，但如果只单向索取，则只能叫分享者而不是共享人。圈子成员一定要领悟“共享”在这方面的内涵，不管主动还是被动，不论自私还是大方，既在圈子之中，每个成员就不可避免地共享资源。比如共处一个办公室，同事们主动轮流做卫生、打开水、叫外卖，体现了互帮互助，成为事实上的共享人，但有人只管享受而不付出，则迟早会被淡出共享人圈子。

4. 共享人要有沟通意愿

沟通首先表现为一种态度，共享人之间务必要进行沟通才能实现真正的共享，没有沟通就没有互动，共享就只是物质上的交换。读书会的几位会友组成一个共享群，大家分别将各自珍藏的图书拿出来交换阅读，在阅读的过程中交流读书心得，实现共享互动；那些默默读书而不沟通的书呆子，只完成了共享的一部分，这样的共享也没多大意义。

懂得以上道理，我们可以认准某些类别的人去寻找共享人。如富有进取心的人，他们热爱生活，不满足于现状，渴望在不断的共享中寻求创新和突破，与他们成为共享人，共享的可能不止某个方面的资源，还可以受到他们进取的鼓舞和感染，促进事业进步；喜欢学习的人，有强烈的求知欲和上进心，最善于共享也最乐于共享，与他们共享往往能举一反三，获益匪浅；行动力强的人，具有实干精神且工作效率高，不但自己随时更新共享的资源，还会催促对方一起行动，与他们成为共享人，可以时时共享不同阶段的成果。

◆ 把共享人变成牢靠的合作者

前面探讨过共享人和合伙人的联系和区别，我们无法强求共享人成为合伙人，但可以让共享人成为合作者。

要让松散的共享人成为联系紧密的合作者，并不是一件容易的事。几年前，我遇到一个大学生社团，成员主要是计算机、美术、汉语言文学和管理学专业的学生，他们拉赞助创办了文学刊物、文学网站，私下里也接一些网站建设、平面设计的活，团队活动开展得风生水起。毕业后，几位重要骨干和社长一起集资创业。开始阶段，大伙一起租办公室、注册登记、拉业务，还像模像样，可不到三个月公司就宣告解散了。社长大倒苦水，说大伙一起办社团可以，但合作创业就不行了。如今想来，这几位大学生失败的原因在于，没有将共享人顺利过渡为事业合作者。

我们已经知道合作者必须具备的几个核心点，所以可以在共享阶段观察、培养共享人，使他成为合作者。

1. 要培养共同的价值观念

合作创业者的价值观就是对创业的看法和基本观点，要先明确是创业还是找一份稳定的工作，创业是为了解决生存问题还是实现人生理想。在成为合作者之前，共享人不大可能在这方面达成一致。如上文的社团成员，合作创业仅凭一时冲动，结果公司稍微遇到一点困难，则找工作的找工作，回家的回家，考研的考研，合作就只剩下一纸空文。在共享过程中，每个人都会流露不同的观点，如果要在其中寻求合作者，就要善于从对方言谈举止中观察并稍加引导，培养其树立共同创业的理想。

2. 要确立共同的远景目标

共享的目标是相互分享资源，共同进步，共享的过程其实也有一些浅层次的合作，但如果缺乏远大目标的指引，合作也会半途而废。李彦宏和徐勇是北京大学校友，后相继在美国留学并工作。1998 年，徐勇担任大型专题纪录片《走进硅谷》的制片人之一，在美国硅谷拍摄过程中，邀请朋友李彦宏及夫人帮忙，为采访对象雅虎创始人杨致远录音。当时，李彦宏与徐勇一样是硅谷资源的共享人，但同时两人都被美国举国上下兴起的互联网的热潮所感染，并预见到中国互联网的发展前景。创业的冲动让两人走到一起，带着李彦宏的商业计划，两人在美国成功融资并一起回到中关村创业。他们又邀请一批北京一流大学的老师和学生加盟，从搜索引擎做起，最终创立了百度公司并成功上市。

3. 要实现优势互补

共享人不一定有互补性，但合作者一定要优势互补，形成 1+1 远远大于 2 的合力。在寻找合作者时，一定要注意从自身劣势出发，寻找对方优势。20 世纪 80 年代毕业于北京大学，90 年代后去美国攻读硕士或博士学位，后双双留在美国硅谷担任高层管理人员，徐勇和李彦宏都可谓牛人。但二者又有各自的优势，徐勇的专业方向是生物学，工作职务是高级销售经理，获得过杰出销售奖，对风险投资机制和创业文化有很深的钻研；李彦宏的专业方向是计算机，毕业后担任道·琼斯公司的高级顾问，是新一代的互联网技术领域专家。二人发挥各自的优势，一个负责产品，一个负责资金和营销，合作起来就如鱼得水。

4. 要确定人员

合作者要有一段共同的经历，双方要彼此了解，在沟通交流上有一定的默契。人与人之间不管如何一见如故，也都需要磨合，通过共同学习或工作达到高度的融合。徐勇和李彦宏是先后毕业于北京大学，又先后到美国深造，在硅谷上班。二人经历相似且在日常生活中有交集。特别对于没有共同经历的共享人而言，更要创造机会，在实践中沟通交流。共享人可以是数人乃至成百上千的人，但合作者的核心人物并非多多益善，通常以两人为宜，如美国苹果公司创始人是两人，谷歌公司创始人也是两人，中国的百度公司创始人也是两人。原因在于两个人容易沟通交流，有了第三者在中间传递或误导，容易产生很多矛盾。找到合作者后并非万事大吉，还要确定主次，一山不容二虎，关键时刻必须有一个人做决断。绝对的民主平等，只会让事业的发展陷于停滞。

明确了以上要点，就不必担心共享人成不了合作者。实际上，共享人之间因为有了共享的前提，可以为选择合作者减少很多麻烦。回到百度的两位合作创始人，由于有了在北京大学和美国硅谷的共同经历，二人更为容易地走到一起。当然，不是所有的具备上述特点的共享人都能成为合作者，优秀的合作者还应具备健康的身体、聪明的头脑和超出一般人的能力；要擅长处理人际关系，以应对合作期间可能出现的矛盾；其他诸如合作者有一定的承受能力、有一个支持合作创业的家庭等等更好。

Social Offline
线下社交

CHAPTER 3

1+1 行动法则

——方法正确，圈子才牢靠

CHAPTER 3

01 最受欢迎的人往往最简单

◆ 用真诚激发他人的正面情绪

真诚在人际交往中分为真实和诚恳两个方面。前者指行为表现，后者主要反映在态度上。诚恳是真实的基础，真实是诚恳的外化，二者紧密联系，不可分割。一个人既有诚恳的内心，又有真实的言行，那么我们就能说，这个人是真诚的。

那么，在人际交往中，真诚真有这么重要吗？

答案是肯定的。人际关系之所以复杂，是因为它既有利益作为目标导向，同时又不是以利益为唯一目的，无法用纯粹的理性思维来对待。

情感，是维系人际关系的另一条重要纽带，而真诚无疑是最能激发人正面情绪的一种美德，并且真诚往往是其他优秀品质的基础。

我们不如从反面推导，试想一下如果人际交往中大家都毫不真诚，那么在这样的圈子里，大家会是怎样的一种状态呢？试想如果一个团队里人与人互相猜忌，彼此防范，连起码的安全感都没有了，这个圈子是否还能稳定地存在下去？

我有一位朋友，几年前曾与几个老乡共同出资，合伙开了家网吧。因为大家都有工作，网吧也不需要太多人专职经营，就决定由其中一个人担任经理全职经营。开始三个月，网吧上座率节节攀高，盈利颇丰。但随着有了盈利，其他的合伙人因为无法经常到网吧巡查，开始怀疑经理虚报收入，暗中做假账。经过一番争吵后，合伙人无法拿出经理做假账的证据，干脆每个人各安排一名亲戚到网吧上班。这些人对网吧的经营没有什么帮助，主要是充当“暗探”，时刻像防贼一样盯着其他人。而经理觉得自己无辜被冤枉，面对这样的局面同样心灰意冷，干脆真的采取一些瞒天过海的手段来为自己获取利益。不到一年时间，本来经营良好的网吧亏损转让。

他们失败的根源就在于相互之间失去了真诚互信，人际关系破裂，不但导致合伙事业的失败，而且几个人的朋友关系、同乡情谊也受到了非常大的伤害。

我们都知道，一旦你给对方留下真诚的印象，就迈出了拉近关系的重要一步。所以值得注意的是，真诚是由内及外、内外统一的自然表现。那种假装真诚，并不全然表露真实言行的人，很难获得良好的人际关系。

有些人也很明白在关系圈中留下真诚印象是非常有利的，于是将真实的自己伪装起来。这样做就适得其反，变成了虚伪。一个人可以不真诚，但绝对不能虚伪，因为没有人愿意和虚伪的人打交道。虚伪的人用一个谎言掩盖另一个谎言，对周围的人小心提防，处处撒谎，生活得谨小慎微，哪有人际关系可言？虚伪的人即便暂时伪装成功，时间久了也难免露出破绽，某人一旦给众人留下虚伪的印象，从关系圈出局只是迟早的问题。

言行一致，谓之“诚”；立足本心，谓之“真”。这是人际交往的一大准则，也是能赢得充分的尊重和信任，从而建立牢固而长久的人际关系的基本条件。

◆ 简单的人是社交场上的宠儿

有人在自我介绍时会说，我这个人很简单。这句话其实就是说他很好相处，大家与之打交道会比较轻松。而我们如果评价某个人“比较简单”，通常情况下也都是褒义的。

为什么简单的人相处起来会比较轻松？或者换句话说，为什么大家更喜欢简单的人？

这是因为简单是建立在真诚基础上的一种为人之道，是历经沧桑之后的删繁就简，是成熟老练之后的返璞归真。简单也是一种圆熟的社交技巧，可以最大限度地减少人与人之间的摩擦，避免人际关系圈的复杂化。这二字说来容易，要真正做到却较难，所以我们才会对这样的人赞赏有加。

那么，单纯和简单又有什么区别？为什么看似差不多的两个词，当我们说“这个人有些单纯”时，却常常带有贬义和批评的意思呢？

如果你曾对这个问题也有过困惑，那么我们不妨一起来搞清楚这两者之间的同异，也就能找到答案了。

简单的人，不代表对世事不通。相反，这样的人对人际交往的了解很透彻，既明白对方需要什么，也清楚自己需要什么。他们为人处世的风格总是直接干脆，却往往异常准确。这是因为这种人总能切入重点，把复杂的问题用简单的方式解决，表达自己的态度时也很直接。

而单纯的人，主要是指思想上简单的人，甚至可以说他们总是想得过于天真。他们作出决定的前提往往是基于对人情世故模糊的了解，因此会经常出现让自己和他人都受到伤害的尴尬结局。

用一个比喻来形容的话，这两种人都像是一把锋利的刀。简单的人是手术刀，精准、可控。而单纯的人则是拿在孩童手中的削笔刀，虽然同样锋利，却容易发生意外的危险。

当然单纯的人也有很多优点，他们的想法并不复杂，思想纯洁，私心较少，性格往往直率不喜伪装，不为名利困扰，不为世故污染；缺点是往往没有经过社会的磨炼，未品尝生活的艰辛，也没经受复杂关系的洗礼，所以在交往中既容易受伤，也容易无意中伤害别人。

每个人一生中都经历着由单纯向复杂、由幼稚向成熟的成长，告别单纯是迟早的事。每个人生阶段都有属于它的特征，孩提时单纯，让人觉得天真可爱，但青壮年时代依然单纯，则令人担忧。因为它往往和轻信、鲁莽、过于理想、抗压性差等缺点联系在一起。

简单，是一种高效的人际关系处理方式

我们可以先从做减法开始学习。这和艺术领域的摄影有些类似之处。摄影的过程是通过取景和一定的摄影技巧，将复杂的背景去掉，最终只留下自己想要定格的画面。这个过程与处理人际关系非常相似，同样是尽可能地删除纷繁芜杂的干扰，用最简洁的方式来传递关系。当然，人际交往中的减法远比摄影师打开取景框、调整景深和曝光更复杂。

宽容，可以帮助我们简单化人际关系

具体运用在 1+1 交往术中，那就是赞赏其他人的优点，而尽量忽略对方的缺点。这样与人相处时自己会觉得更轻松，毕竟总是着眼于对方的缺点和错误，不免会影响对这个人其他方面的判断。而一些不是原则性的缺点，往往并不是人际交往中应该关注的重点，过多将精力放在这上面，只会使人际关系变得复杂。

换位思考，是让人际关系简单化的好办法

站在对方的立场上设身处地考虑问题，更容易找到看似复杂问题的关键，并用最简单的方式来解决问题。

直接沟通，是最有效的交际原则

我们知道，信息在传递过程中，环节越多，信息量流失和走样的可能性越大。而信息在传递过程中出现变异，是让人际关系变得复杂的一个重要原因。这个原则也可以继续延展，那就是除非必要情况，很多事都可以直接沟通，这比暗示等委婉的表达方式更有效率。

◆ 最好的社交策略居然是诚实

很久以前，有一位受人尊敬的国王，年事已高但膝下无子。国王决定在全国挑选一名为人真诚的孩子作为养子，日后继承王位。他让大臣给每位参选的孩子发一些花种子，并宣布能培育出最美丽花朵的孩子将成为继承人。

孩子们开始播种、浇水、施肥，忙得不亦乐乎。时间飞快过去，评选最美花朵的日子到了。孩子们穿着漂亮的衣服，捧着盛开着鲜花的花盆兴冲冲地来到广场上。国王看着一个个捧着美丽鲜花的孩子却面无表情，失望地离开了。随后国王走到街上，看见有一个孩子正端着空花盆哭泣，突然眼睛一亮，与孩子攀谈起来。得知孩子认真种花，但花种子一直不发芽的事情后，国王举起孩子的手，大声宣布孩子为他的继承人。众人大惑不解，大臣公布了谜底：国王给孩子们的全部是煮熟了的花种子。

被选为继承人的孩子不知道领到的是不发芽的花种，可能因为单纯，但父母应该知道。孩子也可能得知别的孩子掉换了花种，但他坚信国王不会骗人，坚守诚实的做人原则，固执地侍弄根本不会发芽的花种。孩子没能种出鲜花，吃了眼前亏，但最终却收获了美好的未来。

这本是一个给孩子看的寓言故事，但对我们成年人又意味着什么呢？

如果你依然认为这个故事只是类似心灵鸡汤，那么很遗憾你没有看到这个故事真正想要说的：在人际交往的各种状态里，诚实的成本是最低的。

现在请再看一遍这个故事，你会发现，这个诚实的孩子做事最少（其他孩子不但经历了选择作假的心理折磨，也额外做了很多事，比如找新种子等等），但他的收获却是最大的。

当商品经济浪潮席卷整个社会后，为了追求眼前利益，不少人不惜牺牲人格，将诚实抛在脑后。很长一段时间里，厚黑学、权谋术等追捧欺诈诡骗之术的观点占据上风，表现在商业领域为假冒伪劣商品充斥市场，山寨一度成为创新的最大阻碍；而在人际交往中，谎言和欺骗大行其道，甚至被少部分人自豪地当成一种成功手段。但大浪淘沙，最终留下的只会是那些诚实守信的人。同样的道理，我们可以在朋友圈中伪装欺骗，获得暂时的友谊，收取暂时的利益，但一旦被揭穿，终究不免被扫地出门。

之所以说诚实的成本最低，是因为你不需要再额外付出精力去掩盖那些不真实的地方。“一个谎言要用一千个谎言去掩饰。”这句话可以从反面来证明这一点。

我住的公寓楼下有一个挺大的水果店，店主年纪挺大，看上去土里土气的。通过聊天得知，他属于那种从农村进城打拼的成功典型，从推板车串街走巷贩卖水果，一直到在高档社区开起了周边最大的高档水果店。通过观察，我发现这个店主成功的秘诀其实就在于诚实。

整个小区附近一共有四家水果店（其中一家很快倒闭了），都从同一个水果批发市场进货。其他店主或多或少带着一些小商人的狡黠，挖空心思想出一些小手段，比如将水果破损的一面故意朝下摆放，或者把过期的水果做成果篮或礼盒，反正是事先包装好，就算有客户发现，他们也会找各种借口来进行辩解。

但这个店主会特意将水果精心挑选一遍，品相和口感最好的装进果篮或礼盒，品相一般的摆在柜台上销售，次品装在店外的筐子里低价处理，有一点腐烂的水果则直接倒掉。其实这并不是什么独特的商业创意，但他让人佩服的是，从开店第一天开始，就严格按照这个原则一丝不苟地执行。即使果品礼盒都是包装好的，买来送人也绝对不用担心别人打开后发现里面有以次充好的水果。

有了这样良好的信誉，大家自然会觉得放心。和其他要小聪明的商户相比，他没有多想什么花样，也没做什么宣传，可长久下来自然轻松地击败了其他竞争对手。

坚持以诚待人，更容易得到他人的信任，别人也更愿意成为你交际圈中关系密切的“1”。

◆ 我鼓励你慎言，但从没教你沉默

有句老话叫“为人只说三分话，切莫全抛一片心”，本义是指说话要留有余地，特别是对陌生人要有戒备之心。有人会说，这样做就不真诚了啊。其实，真诚不等于直白，也不等于不分场合和对象，掌握一定技巧的交流比赤裸裸的表达更让对方觉得真诚。

在此要把握一个要点：慎言。现代人崇尚我行我素的表达方式，不喜欢慎言，甚至将慎言与虚伪、扭捏等等同起来。在与人交流时，不假思索地脱口而出，给对方带来伤害，也影响人际关系。

我曾经有位女同事，就属于比较单纯的那种人，性格其实不坏，但说话从不掩饰，总是无意中伤害别人。有次公司组织户外活动，一位新同事带着女友参加，由于初次见面，女友的穿着打扮比较正式，举手投足也放不开。这位女同事直接当面认真地说，姑娘你怎么扭扭捏捏的，我不太喜欢你。这话不但让新同事和女友都很生气，在场的其他人也非常尴尬。

这种人误将大白话当作真诚。与人，特别是与陌生人交往，真诚是必需的，但并非将心头所想和盘托出。表达真诚要以不危害对方为原则。有人说，如果真诚是一种伤害，请选择谎言；如果谎言是一种伤害，请选择沉默；如果沉默是一种伤害，请选择离开。在不想伤害对方又不愿意撒谎时，可以用肢体语言很好地表达真诚。

有朋友与老婆闹矛盾，找到我喝酒倾诉。在他的叙述中，全都是对方的不对："自打结婚，就没一天给过好脸色。""她对爸妈一点都不好。""爱慕虚荣！"……别人的家务事难以分清对错，不过责任大多是双方的，而且明显能感觉他的很多话过于偏激。但在这种情况下，直接驳斥他或者随口违心附和欺骗他都不是好的选择，那该怎么办？

我采取的办法就是尽量不评价这些具体问题。朋友既然选择找我宣泄，就说明我是他可以信任的朋友，那么我不妨尽量陪他喝尽兴就好。毕竟他现在最需要的只是一个倾诉对象，可以发泄一下心头的闷气。所以，有时候不需要言语，也能做出真诚的回应。

不过任何事情超过了一个度，就会产生负面影响。有不少人在人际关系中遭遇挫折，深感祸从口出的麻烦，干脆由慎言变成不言，这也是不行的。

有位朋友曾给我讲过他亲身经历的一件事：大学毕业工作两年后，他与另外两个好友承包了一家商店。三人分别负责进货、店面管理和财务，齐心协力创业，小商店生意日渐红火。两年后，商店扩大成了超市，也招聘了不少员工，盈利自然增多。

矛盾也逐渐显露出来，年底盘点总结时，同学甲怀疑同学乙在进货时吃回扣，而同学乙则质疑同学甲虚报不少交际费用。两边都是股东，且是很好的同学，对此这位朋友选择了两边都不得罪的方式——保持沉默。殊不知，他这样的态度让两人都很不满意，同学甲认为他是在包庇同学乙，而同学乙反而觉得他与同学甲沆瀣一气。矛盾逐渐加深，最后三人落得友情破裂、合作结束的结局。

对于这种情况，确实应该慎言，但绝对不能沉默。因为沉默在人际关系的传递中往往扮演了黑洞的角色，导致信息到你这里后得不到反馈，他人无法继续沟通，从而让猜疑放大，信任丧失，人际关系不免走向破裂。

处理类似事件正确的做法是少说多做，诸如“有空过来玩啊”“下次我请你吃饭”之类的客套话尽量少说。一些习惯性的空头支票，说者无意听者有心，一旦许诺不能实现，则会落下把柄。

慎言尤其体现在要讲承诺性的话之前，在没有把握的情况下最好不要脱口而出，即便能够办到，也要尽量为自己留下余地。而赞扬和批评之类带有显著立场的言语，更是需要思虑清楚再说出口，这样不但是负责任的表现，而且更容易让人信服。

另外，慎言并不只指语言交流，广义上它也包含了对其他沟通细节处理的方式，比如肢体语言、眼神、表情等。

慎言的本质就是不要轻率地表达自己的态度。

◆ 直率受人爱戴，鲁莽遭人嫌弃

说话做事直率往往被大家看作是真诚的体现。这样的人很容易相处，会拥有很好的人缘。虽然直率有时候会得罪人，但相处久了，一般都能在关系圈里得到好评。

我刚工作加入新的团队时，就接到一个活动策划的撰写任务。几天后，我将自认为满意的策划案递交上去，有位成员却在会上直截了当地提出了很多的意见，当时我脸上有点挂不住。事后团队负责人安慰我说，方案总体还是不错的，提意见的那位同事就是个直性子，有啥说啥，对事不对人，希望你不要往心里去。经过之后的接触，事实证明对方的确是位心直口快的好人，我们也成了配合默契的工作搭档。

不过，我们有时候也会听到另外一种说法，某人总是吃亏，就是因为性格太直。其实，性格直和吃亏并没有必然的逻辑关系，很多时候，直率的人会吃亏是因为没有把握好场合和对象，将直率表现得太过了，变成了不加思考的鲁莽。

张飞、程咬金、李逵等人都是我们耳熟能详的鲁莽的人物形象。他们骨子里是真诚的，为人处世有直率的一面，也都能赢得圈子成员的喜爱；但由于粗疏、莽撞的缺点，也导致了他们人生的重大失败。

而场合的不同，经常会导致直率和鲁莽只有一纸之隔。

在总公司的安排下，分公司组织召开交心会，邀请一些员工代表对班子成员提意见、找问题。丁主管是公认的直性子，自然被推选参加会议。也许受到个别同事的撺掇，也许受到会议氛围的影响，丁主管在会上口若悬河地指出分公司存在的问题，并毫不留情面地直陈分公司经理和部门经理的过失，分公司领导班子成员脸色铁青，连总公司领导都听不下去了。自那以后，丁主管的“小鞋”便穿得很牢固。丁主管吃亏之处并不在直率本身，而是没分清场合。类似这种官方交心会，即便领导要求开诚布公，也绝对要三思而后言，千万不可莽撞行事。在分公司内部或非正式场合，丁主管的直言肯定会大受欢迎，也会得到“直率”的肯定评价，但在这种场合，得到的只能是“鲁莽”的评价。

而同一件事，在不同的对象眼中，有时候也会得出直率或鲁莽的不同解读。比如，无论做什么事情，在刘备的眼里，张飞都是性格直率的三弟；而在诸葛亮看来，张飞有些时候则是成事不足败事有余的一介莽夫，非得严加约束不可。可见彰显直率性格也得分清对象。

我们掌握了直率和鲁莽的含义，理解这二者之间既有区别，又在某些情况下是同为一体的，这样才能保留直率的性格，规避鲁莽的行为。

鲁莽是直率的非理性表现形式，如果能在言行之前学会控制情绪，其实不难避免将直率变成鲁莽。

需要谨记的是，实际交往中，别有用心的人会利用对方的直率，想方设法将其诱导成鲁莽，以达到个人目的。所以要学会把控自己的情绪，尽量将直爽的性格传递给人际关系中的其他人，千万不要给人留下鲁莽的印象。

02 如果你想钓到鱼，就得像鱼那样思考

◆ 你要明白，每个人的需求都是多层的

在马斯洛心理学的需求层次理论中，每个人都有生理需求、安全需求、社交需求（爱和归属感）、尊重需求和自我实现需求五类需求，且由较低层次到较高层次依次排列。但实际上，人们的需求并不严格按照分层排列，而是错综复杂地交织出现。比如有的人为了生理、安全等低层次需求，可以放弃尊重、自我实现等高层次需求；有的人会为了高层次需求，而宁愿忍受生理上的痛苦和折磨。因此，在人际交往中，有的人为了满足真正的需求，用另外一个层次的需求来掩盖，给对方呈现出不真实的需求；有的人直接表达

错误的需求。如果只看表象，而没能满足对方的真实需求，常会影响人际交往。

多年前，一位初中同学打来电话，让我帮忙接待他一位来省城瞧病的乡下亲戚。我在火车站接到这位亲戚时已经很晚了，我随口问了一句，吃晚饭没有。亲戚扬扬手笑笑说，都这么晚，当然吃了。我见对方满脸疲倦，需要休息，就赶紧安排他住下。

这位亲戚瞧完病回了老家，同学在电话里表示感谢，但语气冷淡。我当时并没有在意，事后听人讲起才知道，同学埋怨我到了省城后看不起人，连晚饭都不招待他的亲戚一顿。我反思以后，发现问题在于同学亲戚为了面子而表达了错误的需求——不饿，而我只看到需求的表象，却没有把握对方的真正需求——饥饿，从而做出了不够正确的应对。

生活中类似这样的例子举不胜举，大概说来，不外乎以下几类。

1. 以低层次需求掩盖高层次需求

有人没参加上周末的老乡聚会，事后给别人的解释是：没办法啊，周末加班养家糊口呢。其实此人早就过上了小康生活，真正的需求可能是自己地位不高担心不被人看重，或者与老乡圈内某人有矛盾不愿意见面等。日常工作中，也有人故意强调低层次需求以达到其他目的。比如，有的员工少领了季度奖，到处抱怨自己上有老下有小家庭困难，责怪领导不体恤民情等等，其实，此员工在乎的不是低层次的金钱需求，而是渴望被公平对待的需求。

明白了这一点，就应在处理人际关系时特意照顾对方高层次的需要，而并不将低层次需要放在重要位置。比如上文中，老乡会的组织者如果为了保证人员到齐，就应对某些人特别关照："你不来怎么行呢？大伙都盼着你发言呢！"而对于后一种情况，则可以事先做通对方的工作，这个季度某某业绩实在太突出了，希望您高姿态受点委屈。对方高层次的需求都满足了，还在乎低层次的需求吗？

2. 以高层次需求掩盖低层次需求

这种人屡见不鲜，前文中那位亲戚就属于此类。还有诸如圈内的某些成员，故作清高、言行不一，发表言论时头头是道：我这人最不看重的都是功名利禄……但如果名利等低层次需求受到影响，他们又会不惜代价地索要。

对待这种人其实很简单，一方面假意照顾其虚伪的高层次需求，一方面实在地迎合其低层次需求。比如在某种场合不小心伤害了他们，可以给点小礼物，或者请客吃饭解决你们之间的矛盾。

3. 直接表达错误需求

这类人或自身有难言之隐，或害怕伤害对方，或有其他目的，故意释放错误的需求。最直接的例子是两人同时喜欢上某位异性，有人可能矢口否认自己有爱的需要，只因为担心与另外一个人产生矛盾，或者偷偷摸摸采取行动。放在工作中也同样如此，几名同事都惦记这次晋升机会，但有的人肯定会将真实需求隐藏起来。

对这类人应区别对待：对有难言之隐的，要启发或诱导其说出真实需求，或者直接掌握其真实需求并设法满足。如请客时对方明明很饿却说刚吃了饭，你可以再三邀请其参加作陪。

总之，设身处地为他人着想，更容易找到对方真实的需求，这样的人际交往才能做到事半功倍。

◆ 一眼看透他人最真实的需求

找到目标人群的真实需求，商家可以点对点地提供产品和服务，发展人脉关系的人可以投其所好、满足所需，均能取得令人满意的效果。但我们也经常听到“找到对方诉求点”“满足客户需求”等广告语，结合上小节对需求的了解，足以知晓要找到对方真实的需求并不容易。

消费者逛商场成衣店时，售货员最欢迎的顾客是那种直截了当说“我需要买两件衬衣”或者“我需要看看大衣”的人，因为他们直接告知了自己的真实需求。

大部分顾客只会说“随意看看”，有经验的售货员不会在这个时候进行推销，而是让顾客自己挑选感兴趣的商品，待确定对方的意图后，才会上前进行引导购物。比如对方在裤装前仔细挑选，那么就可以上前主动介绍，并艺术地询问对方的需求，比如尺码大小、喜好的风格等。这其实就是如何从毫不了解逐渐接近真实需求的典型例子。

人际交往也有类似的地方，陌生人不会暴露需求，即便相处很久的老朋友见面时也要先寒暄闲聊几句，一般不会直奔主题。同事问你周末有没有事，如果你直接回答“没事”，同事会立即让你帮他值周末班，也可能约你一起郊游。同事的发问，仿佛随便聊聊且并未表明需求，实则离需求并不遥远。

因此，我们不妨用问题来获取对方需求。可以学优秀的售货员那样主动发问，当然人际交往并非买卖关系，交往对象也并非顾客。有的人将真实需求隐藏得很深，有的人迟迟不肯说出来，这时就需要一些发问的技巧。

1. 基于对方的疑点发问找到需求

对方的疑点反射了他之后的需求。上面那位同事的疑点是“对方周末的时间安排”，对此必须快速搜索同事最近的行动，力争摸清疑点背后的目的，然后提出诱导性的问题。问题不外三种类型。

直截了当型。我没事，你有什么事吗？对方见回答如此爽快，会毫不迟疑地抛出答案。这种提问属于明显的设问，潜台词大概是：有事您说话。乐于助人者会直接答应他的请求，赢得对方好感。

断然封闭型。有事，我每周末都很忙。这种回答直接关闭了对方继续表明需求的大门。

模棱两可型。不知道有没有事，暂时还说不清楚。这种回答的人处事圆滑，既可以进一步了解对方需求，又可以灵活应对。

三种回答各有千秋，无所谓好坏，对人际关系的影响取决于双方的处事原则、与对方的关系等。有时候，直截了当型和断然封闭型会因为直率而赢得对方好感，而模棱两可型虽然可以明哲保身，但会招致对方厌恶。

2. 发问可以左右对方的需求

对方本来有真实需求，但会因为提出问题的情况发生改变。还是以购物为例，消费者本来想买双价格便宜的鞋子，如果售货员善于引导，如：“先生，这些鞋虽然价格便宜，但款式有点陈旧，这几款虽然贵一点，但很适合您，而且可以返优惠券，要不要试试？”消费者可能会因为诱导式发问而改变主意。恰当的发问运用到人际交往中也有同样的效果。一对合作者有了分歧，一方不知道另一方的真实需求是什么，担心说不好会伤害对方。其实大可不太必顾及对方需求，因为对方目前的需求有可能是快速赚钱，缺乏长远考虑。坚定创业的一方会问对方，是不是家里经济出现困难了？如果是，马上解决，将年度分红改为每月分红。如果对方依然摇摆不定，可以开始扩大问题：你是想立马赚小钱，还是将来赚更多的钱？你不想得到一份成功的事业吗？对方的需求在一次次的回答中会逐步升高，最终产生一起合作创业的需求。

3. 发问可以转移对方的需求

对方的需求可能让人为难，可以用讲道理的方式，切中对方的命脉发问，扼杀对方的需求。朋友甲需要借钱，但迟迟开不了口，朋友乙有钱而不想借，同时他摸清了对方的顾虑——碍于情面。朋友乙或者抛出金融市场上刚推出的一个快捷借贷方式，利息不高且不欠任何人的人情，问对方要不要尝试一下；或者主动推荐一些投资理财的项目，告知对方自己的钱都投入进去了，这样就可以很委婉地打消对方借款的念头了。

◆ 每一个需求背后都有一个合理的原因

我们的社会主流价值观曾经历过一个不计个人需求的时代，随着商品经济的到来，又似乎到了一个斤斤计较的时代。不少私营企业主向我大倒苦水说，现在的年轻人，动不动就问薪酬多少，有没有双休日，有没有集体宿舍。我安慰他们大可不必担忧，这是一件好事，因为有明确需求的人往往有理想、有追求、有进取心；那些安于现状，连自己想要什么都搞不清楚的人，很难说他会全身心地投入到工作中。

几年前，一位客户遇到麻烦事找我诉说。他经营一家规模中等的五金制造厂，准备花 5000 万元引进一条来自欧洲的生产线，项目已经谈妥，生产线的组装也最多个把月，但目前最头疼的是生产线的使用者和管理者。特别是管理者，国内只有上海、广东一带有这样的人才。

这多简单，高薪聘请嘛。我这样回答，并不觉得这真算什么问题。

客户朋友摇头苦笑，不是没有人选，对方也想回内地老家上班，但要求太高了——三居室一套、基础年薪 20 万，还要解决老婆的工作。

我兴趣上来了，帮他做了一个简单的成本核算，经过计算，即使这样的高报酬，如果对方能够达到要求，那么还是很划算的。

客户朋友摇摇头说，不是值不值的问题，而是公司并没有这样的先例，其他董事觉得对方的要求过高，董事会这一关就不好通过。

最后，我和他讨论了一套应付董事会的说辞，并做了一份详细的成本收益预期表。最终公司同意了聘人方案，以两倍于部门经理的薪酬聘用了一名车间主任。

年底，客户朋友特来向我报喜并表示感谢，称这点成本付得千值万值，让对方担任车间主任太屈才，他正提交董事会准备将其晋升为主管生产的副总经理。

这个例子告诉我们，与其考虑人才的需求，不如担心此人有没有与需求相对应的智慧和能力。不知你是否留意过，普通员工提得更多的需求是加薪、减少工作量，只有业务骨干、团队精英才敢提出职位晋升、股票分红等重大需求，原因在于员工也明白自己的才能和贡献的价值，能提出惊人需求者一般都自信能够带来相应的回报。

从这种意义上来说，有需求并不是坏事。了解消费者需求，厂商能提供适宜的商品和服务；掌握员工的需求，管理者能更好地发挥管理效能；把握学生的需求，教育工作者能因材施教。同样，每个人了解掌握他人的需求，才能知己知彼、有的放矢地协调人际关系。在关系圈中，每个人都是有需求的，只不过需求有潜在的和显现的、长远的和近期的、心理的和物质的之分。

显现需求通常一目了然，潜在需求则需要思考才能得出；有时候显现需求暗含潜在需求，而潜在需求往往通过显现需求表现出来。比如有人上班忘记带钱包，向同事借一点零花钱，这是一个很容易被大家理解的显现需求。但单位这么多同事，为什么向甲借而不向乙借呢？可能借钱这个显现需求背后，还有一个对友情的潜在需求。因为向乙借钱可能碰钉子，而甲无论如何都会满足他的需求。又比如，某人属于单位的边缘人，但最近好几位同事突然向他示好，显现需求是对方都希望获得更广泛的人际关系，但他们的潜在需求是在下半年的职位竞争中争取此人的支持。

长远需求和近期需求有些类似显现需求和潜在需求，但还是有区别的。长远需求通常是持久稳定的，可以是显现的，如对稳定工作环境的需求、对丰厚报酬的需求；可以是潜在的，如挚友的关爱、同事的互助等。近期需求则是当前的、最急切的需求，如年轻人急切需要伴侣，有人想找一位事业合作者。近期需求是不断发展变化的，对每个人来说，每个年龄阶段的需求不一样，长远需求则应符合人生目标，需要制订长远规划来实现，同时也需要近期需求作为支撑。

物质需求和心理需求都很好理解，在人际交往中，有的人目的只限于推销产品获得利益，有的人则渴望获得友情。但在当下，两种需求往往互相交叉，互为掩护，让人难以区分。不少直销从业者大打亲情牌或友情牌，从亲友圈、朋友圈、同学圈发展销售网络，很多人误以为对方只有心理需求，碍不过情面而满足了对方的物质需求。同时，物质需求往往是情感需求的外化，一定要认真领会。人们常说礼轻情意重，但情意必须通过礼表达出来，当下，我们固然鄙弃物质化的生活方式，但也无法彻底跳出世俗，因此在亲友、同事之间还得讲究礼尚往来，基本的物质需求不能满足，心理需求便无从谈起。

搞清楚需求的不同方面，再弄懂三组需求的联系和区别，对我们要不要满足和如何满足他人的需求有很大的帮助，而这也是人际关系中经常会面临的问题。

◆ 令需求得以满足的诀窍

对于物质方面的需求，只要找准了，要满足对方并不是难事。比如对方要借用钱物，或希望提供能力和技术方面的帮助，只要需求不过分，没影响到自己的生活和发展，大可尽量满足。我们这里主要想谈谈如何满足对方的心理需求。

在马斯洛需求层次理论中，心理需求属于较高层次的需求，有长远需求和短期需求，而在大多数情况下，均属潜在需求，因为大多数人都将心理需求隐藏在心底，也不排除部分人的心理需求比较外露。每个人的心理需求各有千秋，综合起来可以大致归为几类，我们分别就各类需求做出探讨。

期许心理

指人人都有一种实现并体现自我价值的需求，只不过强弱不同而已，对这种心理需求，只需要赞美即可满足。比如，有同学买了数码单反相机，最近老在群里秀照片，心理需求已经很明显，只要发几句:“拍得真好！”“我怎么就拍不出来呢？”之类的话，对方就很容易满足。当然要将此上升到拉近人际关系的高度，则需要进一步努力，比如在赞扬之后，略略指出照片的不足，让对方感受到赞美的真诚。

成就感

人们自我调侃时常说，成就感得到极大满足，说的就是这种心理。要满足一个人的成就感，只有赞扬不够，还需要激励。员工拿出来一个非常漂亮的设计方案，同事们纷纷竖起大拇指，此时只满足了员工的期许心理，如果老板当即拍板，到财务处领取奖金，特准该员工休假三天，得到这些激励后，员工肯定会感激老板的知遇之恩，心里充满感动，会主动加倍努力工作报答公司。

炫耀心理

能深藏若虚的低调者毕竟少数，绝大多数人都有炫耀心理。炫耀心理其实也是前两种心理的延伸。每个工种的人都有优秀的一面，都会为这一面自豪。比如，车间里的熟练技术工人，会对刚进来的员工分外卖力地展示操作技巧，其实就是一种炫耀心理的外露。日常中，更多的炫耀来自衣着打扮，甚至出行的汽车等。要与有炫耀心理需求的人搞好关系，最可行的办法是虚心请教。如向衣着光鲜的人请教如何穿衣，向开好车的人请教如何挣钱，都容易满足对方的炫耀心理，且能够赢得对方的好感。

还有两个相互对立的心理需求：自信心理需求和好胜心理需求。有前者心理需求的人会十分在意别人的认可，而后者则过于固执己见。有自信心理需求的人，在对人和事物的看法上有一套标准，坚信其正确性，同时希望得到别人认可。而人们常犯的错误是不满足对方的这种自信心理，往往做出否定的回答。比如，有人刚装修完新房，特别邀请要好的哥们前去参观，这哥们也不客气，以设计师的眼光参观一遍，先说客厅地板太暗淡，又说书房太陈旧……房主不停解释，哥们还在找缺点，全没想到自己口快言直会让对方不痛快。

而对好胜心强的人，需要牢记“两虎相争，必有一伤”，最好的办法是退后一步。很多人都有体会，好胜需求更容易在恋爱阶段流露出来，如果一方能及时满足对方，则可顺利度过危机，如果双方都不让步，则可能导致恋爱关系破裂。人际关系也一样，个性强的人与懂得忍让的人能做好朋友，反之如果都有很强的好胜心，则很难维持长久稳定的关系。

◆ 了解他人需求，但没必要逐一满足

找出需求后，下一步就是满足需求，满足对方需求也是融洽人际关系的重要步骤，但并不是对方的每个需求都必须满足。

1. 太小的需求不需要满足

小病靠养，太小的疾病可以凭借自我保养而痊愈，无须外界的帮助；相反，如果身体稍有不适即求医服药，则会对药物产生依赖性。放在人际交往中，对朋友的细枝末节的琐碎困难，尽量学会让其自己解决，这样不但不会伤害彼此间的友谊，而且会因为帮其养成独立自主的习惯而赢得对方感激。很多衣来伸手饭来张口的独生子女，到了寄宿学校很快就能掌握基本生活自理能力，原因在于室友们并不会满足所有的小的要求，如打饭、放洗澡水等等，但这并不妨碍室友间结下深厚的友情。有的人反映对方大事小事都找自己，朋友简直难做，可能因为日常交往中太纵容对方的需求，以至于对方的需求越来越多，当无法全部满足时就会影响进一步交往。

2. 得寸进尺的需求必须及时拒绝

人的欲望是无穷的，需求也是无底洞。交往之初，双方都在试探，一般

情况下，乙方的小要求得到满足之后，肯定会提出更大的要求。办公室来了一位新员工，有老员工想偷懒但又摸不准对方好不好使唤，便借电脑故障找新员工帮忙打印一个文件，新员工爽快地答应了。没过多久，又一个需要打印的文件来了……不到一个月，新员工苦不堪言——案头堆满了老员工们的各种需求，并且他不知道该如何拒绝，只会郁闷地想，为什么事情会变成这样？新员工的问题在于没能及时拒绝老员工得寸进尺的要求。其实，在帮助最开始那位老员工后，新员工理应及时拒绝对方的第二次要求。拒绝的方法有多种，陈说自己的工作繁重，不熟悉对方的文件内容，或帮助对方维护电脑等等，总之必须打消对方一步步提出需求的欲望。

3. 超出承受能力的需求必须要严词拒绝

有的人担心拒绝帮助别人会伤害人际关系，因此，面对圈子成员的需求，即使很困难，自己也咬着牙去办。

春晚有一个《有事您说话》的小品，其中郭冬临扮演的就是这样一个角色，自己花钱补足折扣，甚至通宵排队买票，来满足旁人的无理需求。一般这种情况都是由自身好面子、打肿脸充胖子引起的。如果对方的需求超出自己的能力，应勇敢说出困难，表明自己无法满足对方需求，推脱后双方尚可继续保持关系，如果勉强应承而让自己受损则得不偿失。

违背法律法规的需求要严词拒绝。千万要走出哥们义气、为朋友两肋插刀之类的误区，为他人提供帮助要有一个底线，那就是国家的法律法规。不少意气用事的人为帮助朋友而锒铛入狱，入狱后不但自认为的铁杆关系很快不复存在，还毁了自己的前途。不少不法分子正是利用一些人涉世不深，以小恩小惠诱导，让其不忍心拒绝“大哥”的需求而一步步就范，做出违法犯罪的行径。对这种需求一定要认真识别，万不能落入彀中。

4. 可能侵犯第三者权益的需求最好拒绝

有的需求不大不小，也容易满足，但可能侵犯第三方的权益。我们绝不能干这种损人利己的事。国庆七日大假将至，办公室主任安排中层管理干部值班，按照以前的值班轮次，朱某恰好在中间的一天。谁都不想将假期一分为二，朱某事先安排了回老家探亲，于是找到主任，让主任帮忙调整一下。主任左右为难，朱某出了一个点子：按姓氏拼音排序，这样一来，朱某自然落在最后。主任拗不过朱某一再要求，改变了值班排序。结果李某被排在中间，不得不退了机票，将一家人的外省七日游改为省内三日游。

后来李某得知实情，对主任大发雷霆，主任怪罪朱某，三个人的关系搞得很僵。如果事先主任对朱某讲清楚道理，总有一个人利益受损，非此即彼，换在谁身上都不合适，让朱某自己找李某协商，这样也就不至于落得里外不是人的尴尬境地了。

03 正确的表达，事半功倍

◆ 不要担心，正确者最初往往是孤立的

从前，有个叫真理的人，最喜欢周游世界。他所到之处，都会受到人们的热烈欢迎。

有一天，真理来到了一个陌生的小镇。早已列好阵队等候的人们一见到真理，便立即大声呼喊起来。真理非常感动，不由自主向呼喊声最大的地方走过去，但他身后也站了一大群人，也发出大声的呼喊。真理同样备受感动，决定转身向身后那群人走去，前面那群人又以更大的声音呼喊真理过去。

真理站在热情的两群人中间，一时间不知该怎么办。最终，他决定干脆哪里也不去，独自站在一边，让那些愿意接近他的人自己过来。但是，人们都站在自己的位置，朝真理大声呼喊，都希望真理能够站到他们那边去，根本不理会真理的呼喊。

最后真理无可奈何地说：“唉，看来虽然人人都希望真理站在自己的一边，但并不是人人都希望自己站在真理一边呀！”

这则寓言故事名叫《孤独的真理》。虽然真理与正确不能画等号，但将故事中的主人公“真理”换为“正确”，故事也基本能站住脚。正确者往往会在初期被孤立，这个被误解被排斥的阶段，会让许多人难以坚持下去。原因有三：

1. 害怕孤立

往往只有少数人能够在开始阶段就对事情做出完全正确的判断，而有些人即便有了正确的判断，也因为各种原因不能表达出来，因此，能拥有正确判断的人要么让想法胎死腹中，要么刚露头就被扼杀掉。一次户外徒步活动中，队伍疲惫不堪地走到没有人烟的大山里，领队安排大家就地休息片刻后，决定立即出发，要在天黑之前赶到地图上所示的河流岸边扎营。

这时从小生长在农村的小莫建议放弃大路，选择山沟小道前行，尽量在天黑前到达有泉水处扎营。大伙纷纷讥笑，这里虽然森林茂密，但根本见不到一点水源，怎么可能有泉水呢？于是附和领队向河流进发，小莫只得跟着大队伍前行，最后在天黑很久之后才到了河边，原定的野餐、篝火晚会等活动只得放弃。其实，小莫的判断是正确的，林木茂密的大山里肯定有泉水，且位于山沟之中。但他害怕被孤立不敢坚持，最终只能跟随错误的选择。

2. 迫于权威

有些人可能是正确的，且正确者并非少数派，但因为专家学者、传统认识或者领导的影响，而放弃对正确的坚持。生活代代相传了一些食物搭配的禁忌，最常见的莫过于大蒜加蜂蜜，有人忌之如毒药，其实大蒜加蜂蜜是一种很好的搭配，是韩国人的一种流行吃法。正因为传统权威的存在，绝大多数人望而却步不敢尝试。同样在工作中，有人可能有正确的想法或建议，但碍于骨干员工不赞同，上司持相反意见而不敢提出或坚持。《西游记》里，对变化多端的妖魔鬼怪，孙悟空常有正确的判断并勇敢坚持，但师徒四人中的权威唐僧往往判断错误，猪八戒和沙僧即便怀疑他的判断也往往服从和附和师父，孙悟空无计可施最终也只能放弃坚持，直到事情无法收拾。

3. 不自信

正确者对自己的判断没有论证，未得到多数人或权威的认可，就会缺乏充分的自信，即便有价值也宁愿放弃。不自信是当下很多人缺乏正确表达勇气的重要表现，从小到大我们的社会教育和家庭教育都缺少培养自信力的环节，我们更多地习惯于家长的安排和他人的指示而缺乏自己的表达，哪怕是掌握着真理。我们当中很多人因此而丧失了很多成功的机会。被誉为“营销天才”的史玉柱，人生经历了大起大落，每次渡过难关都与自信密不可分。20 世纪 90 年代初，史玉柱辞去公务员职务下海创业，成立巨人公司，凭借一张小小的“汉卡”赚得亿万财富，史玉柱一度跃居《福布斯》中国内地富豪第8位。但巨人集团却在巅峰时出现资金链断裂，几近破产。21世纪初，史玉柱力排众议，再度创业开展“脑白金”业务，迅速东山再起并收购回了巨人大厦。2007年，他旗下的巨人网络集团有限公司成功登陆美国纽约证券交易所，史玉柱的身价突破500亿元。至今，史玉柱依然在创造传奇，他的成功在于勇敢坚持自认为正确的事。

正确者最初往往是孤立的，谁能守住这份孤独，谁能坚持到最后，谁就有可能是那个成功者。

◆ 信心满满地去要求自己的权利

因为孤立，注定只能单兵作战或充其量得到小众的支持，在做出正确表达时，必须要有孤军奋战的精神和力排众议的勇气；瞻前顾后、裹足不前者，最终只会失败。

诸葛亮舌战群儒并取得胜利，靠的就是坚持正确意见的勇气。东汉末期，曹操挟天子以令诸侯，一举扫灭北方袁绍、刘表等割据势力，率百万雄兵气势汹汹席卷南方。曹操决定将各方势力各个击破，联合孙权先消灭刘备，于是给东吴孙权带去一封恩威并施的书信。

接到书信，东吴集团的谋士大都主张降曹自保，只有鲁肃主张联刘抗曹。鲁肃不能说服大多数人，特意邀请刘备方的诸葛亮来当说客。一场辩论会开始了，主战方的鲁肃、诸葛亮二人对阵满堂东吴饱学谋士，鲁肃天性忠厚老实，诸葛亮无异于孤军奋战。诸葛亮有备而来，也只能背水一战，时下只有孙刘联盟抗曹才能免于双双覆灭的危险。诸葛亮首先抛出底牌，刘备集团兵精将广，要夺取荆州易如反掌，只是不忍心夺取才让曹操捡了便宜；接着拿出对付曹操的办法，孙刘联合凭借长江之险再加上自己的锦囊妙计；最后陈说降曹的后果，孙刘政权均将不复存在。诸葛亮无所畏惧，有理有节，让东吴一干谋士哑口无言，最终说动孙权下定决心联合刘备抗击曹军，并取得日后赤壁之战的伟大胜利。

鲁肃也是主战派，为何不能表达正确意见呢？因为他缺乏勇气。这件事告诉我们，勇气不是匹夫之勇，而是有勇有谋的大智大勇。它需要具备以下条件。

1. 勇气以表达正确为前提

它有两层含义，表达内容的正确和表达本身的正确。举个例子，某食品公司营销策划会议上，某员工提出在某小区开办连锁店的建议，这个建议本身是正确可行的，那么员工提交的建议书也应该紧紧围绕食品营销这个主题。在诸葛亮的建议中，主战是绝对正确的，不战则坐以待毙；建议的内容不只是让孙权方提供战场、士兵和粮草，还有孙刘联盟，其本身也是正确的。如果表达本身不具备正确性，勇气就成为无源之水、无本之木，表达也变成了无理取闹，不但不会得到关系圈成员的支持，反而会落为笑柄。

2. 勇气以精心准备为基础

在来东吴之前，作为刘备帐下主要谋士，诸葛亮已经对战前形势、孙刘曹三方实力和优劣、投降后果、作战计划以及战争走势，甚至包括孙权方谋士的情况都掌握得清清楚楚，才有勇气在孙权的朝堂之上侃侃而谈。我们在表达自己的观点时，必须将观点的正反方面、支持者和反对者的情况等等都考虑清楚，才可能应对反对者的盘问，从而具备坚持正确观点的勇气和决心。

3. 勇气以充分论证为辅助

诸葛亮与东吴集团谋士的唇枪舌战就是一场精彩的辩论赛，辩论必须要有充分翔实的论据，还要有强有力的辩才。如果论据不充分，面对反对者的询问，再正确的观点也只能败下阵来，勇气也毫无意义。比如，上文中食品公司员工提出在小区开连锁店，肯定会遭到那些支持在超市开专柜、在菜市场开店的人的反对，他想拥有将建议坚持下来的勇气，必须对建议书中开设连锁店的各种情况做周密的市场调研，写出相应的材料，同时还要对比与反对者所持建议的优劣，有理有据地辩论，才能取得大多数人的赞同。

4. 勇气以敢于担当为支撑

诸葛亮的担当在于让自己留在东吴协助指挥赤壁之战，说是留下，其实是充当人质。拥有表达正确观点的勇气，必须要有置之死地而后生的胆略。不管在单位还是在其他圈子，在抛出建议之后，领导或主事的人犹豫不决之时往往会追问一句：有没有把握?

有了这句话，意味着你的建议被采纳的可性能很大，但同时也要考虑万一失败怎么办，因为还有那么多持反对意见的人正等着幸灾乐祸。此时，如果你能理直气壮地说一句，如果失败我全权负责，勇气彻底展现，同时你也能够赢得其他人的信任。

◆ 4 个最好时机，让你的表达更见效

也许你已经有了表达的勇气，但你会发现并不是每次表达都能取得理想的效果，因为这里有一个表达时机的选择问题。

在表达意见建议时要注意时机的把握。尽量不要在气氛正热烈时提出令人沮丧的建议，也不要在大家疲乏劳累时展开需要耗费精力严肃讨论的话题。我们可以从以下方面考虑如何选择表达的时机。

1. 在公开场合表达赞美和肯定

所有单位都会选择在表彰大会上表扬某人某事而不是私下表彰，而在大会上表达批评则要非常慎重。原因在于每个人都是有自尊的，就是俗话所说的“要面子”，都会尽可能地维护自己的公众形象，以获取更高的社会地位和比别人更优越的生存条件，而赞美和肯定是维护一个人正面形象的常见手段，与之有相同效果的还有肯定、支持、羡慕等表达。因此，在公开场合，应该表达有利于对方提高公众形象的赞美和表扬，你才有可能获得对方正面的回应或认可，从而赢得良好的人际关系。我们前文也讲到，在人际交往中，千万不要吝啬赞美，公众场合更要注意这一点。

2. 在私密场合表达批评和否定

一个人不可能永远只表达赞美和表扬，不但自己做不到，也会给对方留下虚伪和不正常的印象。事实上，我们经常会有意无意地表达批评和否定，还有指责、抱怨、劝勉等。比如评价某位同事的朋友长相平平、衣着却过于华丽，指责某人工作偷奸耍滑，埋怨某位领导性格过于严肃、难以接近……

当然，如此种种有损对方公众形象的负面表达，我们往往会自觉地选择非公开的隐私环境。但也有例外的时候，比如有的圈子不定期开展民主评议会、交心会，一些把握不好场合的人会直截了当地表达真实想法，轻易丧失了对方的信任和好感。还有就是在情绪化或酒醉的状态下，有的人会吐出不恰当的“真言”。祸从口出，这些对他人有负面影响的“真言”往往会成为人际关系的绊脚石。

3. 在特定场合表达主张和询问

有些表达既不是赞美和表扬，也不是批评和否定，而是趋于中性的利益、建议和询问等，也要注意选择时机。比如，公司最近正加班突击业务，在工作进度汇报会上，领导和大多数管理人员希望听到的是如何增产增效之类的表达，但此时有人代表员工询问能有多少加班工资，或建议突击任务完成后给一线员工放假多少天等等，虽然说出了大多数人的心声，但与当时的氛围不相适应，肯定会招致领导及管理人员的不满。

4. 表达方式要和当下气氛合拍

相同的内容，使用不同的表达方式产生的效果不一样。比如，公司举行座谈会，主要议题是对下一年工作计划提出建议，不少人提出合理的想法，得到公司管理层的重视，有人却把上一年自己在工作中受的委屈一一罗列出来，将大会当成声泪俱下的控诉会，让领导下不了台，同事们也厌恶。还有，在诸如形式活泼的生日派对上，尽量避免严肃的讲话和说教。表扬对方要面带微笑，而批评和建议则需要严肃，如此种种，需要大家在生活的各个场景中尽量体会。

我们在表达时，不但需要勇气，还要敏于思、慎于言。要根据当前的具体状况选择表达的内容和方式，才能让表达起到应有的作用，为你的人际交往加分。

◆ 一开口就能说到重点，让人听了就懂的表达技巧

我们无时无刻不在表达，而不同的表达实现的沟通效果有着天壤之别。除去交流双方态度、观点和信念不同，以及个性特征差异等客观因素之外，造成沟通障碍的原因无非是表达和反馈这两点出了问题。

在表达的时候，我们通常会隐藏“真我”。这可能是故意为之，也可能是下意识的举动。比如，在与领导或长辈交流时，会收敛行为举止。但一次成功的表达不是单方面的行为，目的在于交流互动，不顾对方感受的口若悬河往往不能取得最佳效果。

因此，要做到准确表达，一定要设身处地站在对方角度，与他人分享喜悦、分担失败，为他人提供帮助、解决困难。

如果你的表达能想对方所想、急对方所急，一定能引起共鸣，赢得对方真诚的交流。

同时还需要注意，表达毕竟是主动行为，不要因为对方难以接受自己的观点或交流存在困难而减少表达。我有一位学生，酷爱阅读小说，各科成绩都比较优秀，但与同学相处并不融洽，询问得知该同学认为与其他同学话不投机，懒得交流。我决定帮助这位同学走出虚构的文学圈，让他尝试寻找能与同学引起争议的话题，如国际形势探讨等，他很快便融入到同学圈里，成为一名论辩高手。

表达还需要谦虚和积极的态度。谦虚才能接纳，谦虚才能产生发自内心的赞美、同情，才能调动对方的情绪，赢得对方的好感。谦虚之外，积极的表达态度还需要情感的投入，那种高高在上的训导、隔岸观火的指责，不是正确的表达，只能招致对方的反感。

为表达扫清障碍后，我们可以开始提升表达能力和技巧了。有的人能说会道，巧舌如簧，可以将稻草说成金条，这讲的就是口头表达。口头表达是表达的主要途径，其他的还有文字表达、传情示意等，此处不做探讨。

口头表达能力的提高有个先决条件：首先你要拥有能够表达出去的东西。这一般需要拥有广博的知识和理论基础。优秀的表达无一不闪烁着智慧、才思和修养的光辉，而这一切都来自日常积累。

书本可以让人迅速积累知识，参加各种实践活动则不但能让我们见多识广，还能帮助自觉进行表达训练。生活和工作为我们提供了学习的机会和表达的舞台，在丰富阅历的同时，我们应利用一切抛头露面的机会，尝试表达，勇敢表达。公司组织的演讲会、讨论会，市场营销的街头宣传、信息咨询等都是表达的难得场合，一定要抓住机会，大胆表达。

有了知识和实践，还要掌握一些表达技能，努力将书本所学转化成口头语言，还可以结合自身特点开展有针对性的训练，不断提高口头表达能力。《国王的演讲》这部电影就是关于如何学会表达的故事，非常精彩，大家有兴趣可以找来看看。

想要在人际交往中准确地传达自己的意图，传递关系，恰当的表达是必不可少的。

04 感恩帮助，因为他完全可以不帮你

◆ 付出的力量，改变你的人际关系

“世间自有公道，付出总有回报。”这句话的意思，换个角度来说就是既然对方为你付出，一定希望得到什么。天底下最无私的是父母为子女的付出，但他们同样也想得到子女的孝顺和爱慕。立足社会，我们与各种各样的人打交道，在为他人付出的同时，为的是发展人脉关系，以便得到帮助事业成功的各种资源。既然你的付出是有目的的，也就不能排除对方付出的目的性。

网上有个小故事，很有意思。

雨天，一个女孩，一把小伞，两个男孩。

第一个男孩与女孩一起撑伞行走，他说：“如果雨点洒在我身上多些，就会洒在她身上少些了。”

第二个男孩把伞让给女孩，自己淋着雨，他说：“爱她就是要照顾她，我可以毫无保留地做出牺牲。”

故事结束后有个小问题，如果你是那个女孩，会选择哪个男孩？这类小清新的选择题，当然无所谓哪个是正确答案。不过我们借此可以说一下“付出”这个话题。

多大数女孩可能会选择第二个男孩，他对女孩子毫无保留地倾情付出，只想到付出不求回报，是理想中的好男人。但仔细想想，这样的男孩会有吗？即便有，他会一如既往地陪你一生一世吗？如果仅仅是一般朋友，男孩子的企图是什么？女孩子该用什么作为回报？

相对而言，第一个男孩较为实际，能与女孩子祸福与共，互相帮助。人际交往也是如此，人人都希望对方全部付出，自己享受小伞的全部遮挡；但实际上，对方并不是心甘情愿为你淋雨的那个人，正如第二个男孩子一样，他冒着雨将伞让给你，为的是博取你的好感，让你记着这份情。

在处理人际关系时，我们应认真观察和思考，弄清我们面前的付出和帮助背后的真实目的，从而有的放矢地作出应对。

有的付出需立即回报，这种付出在生活中比较常见，往往属于举手之劳、互相帮助。如同事外出时，顺便让他帮忙捎带零食，同事帮忙后，你应大方地邀其品尝，对方一般也不会拒绝。这种付出和回报是自然而然发生的，不存在太多的利益纠葛；即便对回报有所忽略，另一方也不会放在心上。但需要注意，这种付出与回报之间必须保持大体平衡，一方付出太多而得到的回报太少，则会影响人际关系的发展。

有的付出纯属偶然。偶然性付出者大多不会主动索求回报，但接受付出者应有知恩图报的心。比如在火车站、地铁站等地方，常会遇见抱着孩子讨要车费的人。开始时大家都会热心帮助，给一些钱来救急。但当有些人以此为职业，利用路人的同情心作为发财的手段，完全抛掉了知恩图报之心后，那些本来愿意付出的好心人也逐渐失望，不再愿意伸出援手。

有的付出别有用意。这种付出更多表现在商业活动中，一些商家以“买一送一、买即送代金券”作为促销手段，有的投资机构放出诱人的利率条件等，他们付出的是香喷喷的饵料，等待丰厚的回报。那些善于运用以小博大手法的人际关系高手，会不断以利益的付出收买人心、获得人际关系，为的是获得更大的利益。对此，我们不得不提高警惕，因为这些人付出后一旦得不到回报，便会恼羞成怒，采取其他非常规的索取手段。对此，首先不要贪图小恩小惠欠下人情债，如果实在无法拒绝，一定要想法设法及时以同等利益作为回报。

有的付出为的是放长线钓大鱼。这种人大多熟谙付出与回报的关系，他们不求暂时的回报，做的是长远规划。《水浒传》里的宋江就是放长线钓大鱼的典型，他为人豪爽大方，不管什么人有困难他都会解囊相助而不求回报。正是凭借细水长流的付出，宋江获得了“及时雨”的雅号，也为他顺利获得梁山首领之位铺平了道路。

不管获得哪种方式的帮助，你只需明白一点，天上不可能掉馅饼，如此便可以正确处理付出与回报的关系，用互帮互助应对人际交往，或者认清别有用心者的本来面目。

◆ 怀揣感恩，就算恶人也会帮助你

一对好朋友结伴去户外徒步旅行，两人互相照应走进了一片森林。途中，两人因选择道路产生分歧吵了起来，其中一个人生气地打了另一个人一巴掌。被打者很伤心，摘下一枚树叶写了一句话：朋友某某打了我一巴掌。写完后，他将树叶扔在地上继续前行。

二人进入森林深处，只听哎哟一声，挨打那人被蛇咬了一口，疼痛地蹲在地上，另一个人赶紧停下来，不由分说帮其吮吸蛇毒，并找出药品实施急救。被蛇咬的人得救了，高兴地翻出随身日记本，在上面写下了一句话：朋友某某救了我的命。然后小心翼翼地将日记本放进背包。

朋友大惑不解，问：为什么我打你，你写在树叶上随意丢弃；我救了你，你却写进日记本里呢？得救的人回答道：当你对我不好时，我把它放在最容易遗忘的地方；当你对我有恩时，我应该牢牢记住，一辈子不能忘记。

这个故事讲的是人应常怀感恩之心。

还记得我们之前谈到真诚时所讲的吗？同样，在这里我不想用心灵鸡汤来描述感恩之心的美好，我们依然从成本的角度来分析，很容易得出一个结论，心存感恩，是处理人际交往的各种态度中的最优选择。

每个人的人际关系圈都是一张巨大的网，人情在其中循环流动，于是形成互帮互助的良好局面。我们可以说从出生起就时时接受他人恩泽：父母生养之恩、师长照顾之恩、朋友扶持之恩……除了少量是来自命运的眷顾，其他都是他人给予我们的。

你或许会提出不同的看法，日月光华普照大地，人人都享有；父母亲友关怀照顾，长大后我们也会同样对待后代。对待这些理所当然的事情，也要谈报恩感恩这一套，是不是太矫情了？其实我们当然可以心安理得地享受这些关怀，但若是缺少一颗感恩的心，人际关系中的正面情感就无法流动起来，久而久之你会发现你的人际关系变得干涩艰辛，只有依靠冷冰冰的利益才能勉强运转，这样的状况是不是会令人很疲惫？

拥有感恩之心会让人充满正能量，体现在具体人际关系上，则是易记得他人的好处。

即使别人做了对你不利的事，你也可以将它转化为动力。不是有一句流行的话："感谢那些伤害我的人，让我更加坚强。"其实说的就是这个。在我们的关系圈中，其他"1"的身份是不停变化的，有时是朋友，有时也会是竞争对手。当处于竞争时，若我们能拥有感恩之心，就会忽略掉竞争关系带来的不快，把精力更多地放在努力提升自己，不断成长进步上。

◆ 即使不能及时回报，也不要忘记心存感谢

孟尝君需要人去他的封邑薛地收债，冯谖被人推荐后爽快地答应，出发前问孟尝君，收到债后，这些钱是否需要买什么东西回来？孟尝君的回答是，你看我家缺什么，就买什么，你自己做主好了。

冯谖到薛地后，因为天时不好，收成有限，所以只收到了一部分欠债，还有很多人还不上。冯谖用收来的钱置办酒席，宴请那些欠债者，让有偿还能力的定下偿还期限，对没有偿还能力的一律免去债务。席间，他告诉大家，这些都是孟尝君吩咐的，让老百姓们好好耕种生活，不要辜负了孟尝君的好意。

冯谖办完事回来后，孟尝君得知消息十分生气，质问他为何擅作主张。冯谖却说自己正是按照孟尝君的要求来做的，因为他觉得孟尝君不缺钱财物品，独独缺少对人们的恩泽，所以才这样做，孟尝君被他的辩白气得无话可说。

又过了一年，孟尝君被朝中小人暗算免去宰相职位，无路可去，只得前往自己的封地。谁知孟尝君尚在百里之外，薛地的老百姓早已扶老携幼等候在路边迎接他了。孟尝君此刻才明白冯谖免债、买义收德的良苦用心。

按照常理，薛地的穷苦百姓无论如何也无法报答孟尝君的恩情，但风水轮流转，恩人孟尝君遇到困难，百姓知恩图报，以涌泉相报。知恩图报是做人的优秀品质。虽然按理来说，报恩是发自内心之举，不需要方式方法，但报恩之“泉”如何核定，如何才能体现报恩的真诚，还是有些讲究的，因此我们尝试做如下分析。

以情报恩。情义无价，以情报恩是报恩的最高境界。我们经常会说，“我欠某人一个人情”或“算还了某人一个人情”，这种说法是对以情报恩的误读，真正的恩情是偿还不了的。很多深厚密切的关系，正是由于双方不求回报的互相帮助，最终才成为生死之交。报恩的实际举动可能只是一些朴素的话语，其交往也只限于日常举动，却能让施恩者感到莫大的温暖。无论古今，有很多世交、生死之交，都因恩惠的因缘将疏远的人际关系拉近。应注意一定要自然表达这种报恩方式，不能陷入道德绑架的泥潭。所谓道德绑架，即施恩方以恩人自居，动辄提起过去的施恩经过，让受恩者时时处于情感的压迫之下；同样，有的受恩者难以释怀，感觉穷其一生都无法偿还感情债务。如此，报恩成为受恩者的负担，反而会恶化双方的关系。

以财报恩。在当今商品经济社会，这种方式最为大众推崇。受恩者对得到的恩惠衡量出一个价码，然后以回赠财物、请客吃饭等具体方式回报。这就是俗称的“还人情债”。以财报恩的人，要么是受恩较小、较为直接，比如日常生活中的钱财相助，可以直接回报；要么是受恩本身没有夹杂多少情感成分，比如同事之间的互相帮助，互助互利，直截了当；要么是受恩者不想延续情感交往，来个一次性了断，以获得内心安宁。但要记住一点，在以财报恩时一定要照顾施恩者的情绪，如果对方执意不收，也不要勉强，可以寻找机会弥补。

此外，我们可以将报恩落实在实际行动上，所谓“投之以桃报之以李”。这类行动可以是为朋友两肋插刀式的壮举，也可以是家长里短的殷殷关切，总之是在实际行动中充满感恩之情。

当我们暂时无法报答对方时，该如何做呢？无以报恩就念恩。大方地将感恩之情表达给对方也是双方关系中一种很好的情感传递。

◆ 积极回应感谢，人际关系才不会冷却

偶尔听过这样一个故事：

城里人帮助了乡下的穷亲戚，穷亲戚很感激，从很远的农村送来土特产表达感谢。城里人看见这些东西，心头不悦：这些东西随便哪个超市都能买到，送来干吗，还不如留在家里自己吃。穷亲戚很伤心地离开了。

城里人以居高临下的姿态对待穷亲戚，拒绝了对方的感恩，也可能他说了一句大实话，但对感恩者却造成莫大的伤害。我建议大家不要轻易拒绝别人的感恩，哪怕你觉得自己并不需要。因为感恩不是一个任务，甚至不是义务，而是一份责任和权利。拒绝感恩，无意中冒犯了对方的权利。生活给了我们无私的恩赐，我们通过信仰、节约等方式感恩生活；父母生养了我们，我们通过孝顺、赡养感恩他们。你爱惜万物，轻安素食，有人嘲笑你的举

动；你孝顺父母，有人讽刺你另有所图……若你遭到如此种种否定，肯定会伤心难过。因此，我们不但不该对感恩的人说“不”，相反应该尊重、欣赏和支持那些感恩的人。

我们应当敬佩感恩生活的人。作为一种处世哲学和人生智慧，感恩可以让人勇敢地面对挫折和失败。感恩生活的人会认为各种不如意是命运的考验，是天空中暂时的阴霾，从而始终微笑面对生活。感恩生活的人还会从失败中获取经验教训，找到与竞争对手的差距，从不幸中获得安慰和温暖，获取勇气和动力。没有感恩之心的人恰恰相反，他们在成功时会找到很多理由感恩，失败时却怨天尤人反而不会感谢生活和其实已经为他付出很多的身边的人，不理解自己的失败并非他们的过错。

著名作家史铁生的经历很不幸，先是瘫痪，后来又身患尿毒症，需要靠透析维持生命，跌入生活残酷的谷底，他也曾用诅咒和试图自杀回应生活，但随着时光流逝，他从悲惨的生活中发现上苍的眷顾和亲友的帮助，渐渐学会感恩，用一系列独特的文字作品感谢生活和亲人。史铁生是一个感恩生活的特例，对所有感恩生活的人，我们都应心怀敬佩，他们不管是贩夫走卒，还是达官显贵，都一丝不苟地生活在当下，珍惜生活，珍惜朋友，珍惜属于自己的时光，让生活发出别样的光彩。

我们还应该尊重感恩自己的人。

对待感恩的人，无论厚重的报偿还是轻轻一声“谢谢”，都应回敬以感激之情。因为感恩既是权利也是义务，感恩者的行动是在履行生活中的某个承诺。行动完成后，感恩者获得心灵的圆满，向对方表达了感激和谢意。

不是所有的人都会这么想。有时，我与大家一样，会做出轻慢感恩者的行为，特别是对那些身份地位和经济条件与自己悬殊、报恩与施恩不平衡的感恩者。我们不妨检视一下，在为对方解决了一个很大的难题之后，对方准备了一顿并不高档的晚餐，邀请你去他家里赴宴以表谢意。你会不会皱皱眉头：也太抠门了吧，现在谁还在家里吃饭啊，况且他能弄出什么好菜来？此时，让我们拿出应有的尊重，收起拒绝和不悦，高高兴兴地接受感恩前去赴宴。

表达尊重之后，应对感恩者做出积极回应。感恩的本义是“乐于把得到好处的感激呈现出来且回馈他人”，它表现为一种良好心态，一种良性的互动。我们应努力维护这种心态和互动。感恩是一种认同，一种发自内心的认同，感恩也是一种回报，不管属于哪种，我们都没有理由拒绝。

当我们在对方提供微小的帮助时及时说声“谢谢”，在对方回答“不用谢”时再报之以笑容，一来一往就完成了感恩和回应的互动，人际关系会变得更加和谐。我们都乘过公交车，你好心给对方让座，对方理所当然地坐下却没有任何感激，你心里肯定会觉得失望。

不会感恩的人，人际关系迟早会陷入枯竭的境地。同样的，不珍惜和回应感恩，也会导致人际关系的冷淡。

Social Offline
线下社交

CHAPTER 4

1+1 效应

——叠加起来的关系网

CHAPTER 4

01 人人都是你的人脉金矿

◆ 3 个方法，发挥人脉资源的倍增效应

在很多社交场合，我们会听到以下熟悉的对话：

“×× 也是做投资的，你应该知道吧？”

“当然知道，还很熟悉呢。”

“他经常待在国外，你怎么会熟悉？”

“他是我朋友的朋友。”

“朋友的朋友”，说起来有些拗口，却是社交关系中很重要的一环。生活中有很多人，虽然你不怎么熟悉，但你的朋友却和他比较熟悉。换句话说，

他是你的陌生人，却是你朋友的熟人。朋友的朋友，与主体之间可能并没有直接交往，却因为共同的朋友作为中介而产生了联系，是关系圈内的一种重要关系，往往会成为人脉资源中的富矿。

每个人都有多个朋友，而一个人的精力始终有限，直接结识的朋友数量总是会有一个限度。所以我们会去参加聚会，也许一番闲谈，总能在朋友的朋友中，发现一些和自己挺合得来的人，于是本来陌生的人通过这种途径，也逐渐变成了直接的朋友。

交更多的朋友，拥有良好的人缘，只是利用人脉资源的初级阶段。从有限的人脉出发，将朋友的朋友变成朋友，将其转换为自己的人脉资源；将每个朋友变成一个辐射源，形成立体交叉的关系网，进而深度开发人脉关系，才能进入人脉资源拓展和利用的更深层次。

梳理一下拓展人际关系的手法，不难发现利用人脉的方法。

1. 让陌生人成为朋友

在具体办理某件事情的过程中，我们肯定会遇到各种陌生人，这些陌生人往往成为防碍事情顺利进行的拦路虎。一些人会在陌生人身上寻找突破口，挖空心思寻找与陌生人交往的办法。还有一些人则赶紧搜寻人脉资源库，试图找到他与陌生人的“朋友的朋友”，这种搜寻通常会收到满意的回报。前者不善于拓展和利用人脉，结果往往事倍功半。后者则可以更好地挖掘人脉，让人脉资源实现效益最大化。

2. 让人脉变成流动的资源

人脉是一种资源，是一种不但不会损失而且可以生生不息的资源。人脉资源的价值不会因为开发利用发生转移，反而会因此提升自我价值并创造新的价值。不善利用人脉资源的人大多有很多心理顾虑：“开口求人难”“人不求人一般大”“懒得还人情债”等等。这些都是对利用人脉资源的误解。“开口求人难”担心的是碰钉子，只要衡量一下与对方的熟悉程度和所求之事的难易程度，就不难消除这种心理障碍，另外要做好对方拒绝的心理准备。“人不求人一般大”则是一种自命清高的心理在作怪，要想成功，则必须破除这种传统思想。“懒得还人情债”这种想法也已经过时了，没准对方是一位人脉高手，正准备利用你这个支点，达到认识朋友的朋友的目的，也就不存在欠人情债的说法了。人脉资源不但需要储存，还要维护、开发和利用，不断索取和利用，人脉资源不但不会萎缩，还会成倍地生长。

3. 间接朋友也能提供直接帮助

如果朋友的朋友更能提供直接的帮助，你没有必要麻烦朋友，可通过朋友介绍越过朋友直接找到对方。如此既避免给朋友添麻烦，又可以借此认识新的朋友，丰富人脉资源库。我们还要懂得主动发掘朋友的朋友。有时候朋友能够将你引荐入一个对你极具价值的人脉圈，接下来就需要你主动和这些间接朋友建立起 1+1 的关系。

我上高中时，有段时间对乐器产生了强烈的兴趣，甚至自己存钱买了一把吉他，可是在周围认识的人中却没能找到可以教我学吉他的，只能平时自己在家胡乱拨弄自娱自乐，几个月下来依然没能入门，非常苦恼。

隔壁邻居家有个正在读大学的大哥，和我关系不错，每个周末都会叫上我和他的同学们一起踢球。一次踢球中场休息时我无意提起弹吉他的事儿，大哥指了指旁边一个留着长发的同学，告诉我这个人吉他弹得很好，并且在学校里自己组织了一个乐队，有兴趣的话可以找他去聊聊。顺口介绍完后，对乐器不感兴趣的大哥就聊起了其他话题。

对于我来说，大哥这个长发同学我根本不熟，只是一起踢球时说过几句话，连名字也不知道。但对于吉他的热爱让我鼓起勇气主动上去和他搭话，没想到听说我在自学吉他他非常欣赏，聊了一会儿各自对音乐的理解后，他主动提出可以教我，并给了我联系方式和他们乐队的排练地址。随后我通过他认识了他那群搞乐队的朋友们，因为相同的爱好，大家都很愿意教我这个小弟弟。虽然后来我们中间并没有人从此走上以音乐为职业的道路，但大家都成了很好的朋友，如今还不时抽空相聚。

所以对我们来说，很多时候结识陌生人，朋友的介绍只是一个通行证，让双方省去了相互做出最浅显判断的过程，从一开始就会得到比较高的信任度，降低了交往的沟通成本。而如何在此基础之上缩短你与对方的距离，真正成为对方关系圈中的“1”，则需要自己灵活把握。所以不妨多多审视你的人际关系圈，和一些久未联系的朋友多沟通，这样才能更好地发挥人脉资源的倍增效应。

◆ 最关键的人脉，是不熟的朋友

借助朋友的朋友这种方式发展人脉资源，千万注意一点，避免那种类似传销活动的机械发展。为什么我会强调这一点？因为我发现许多人只看到人脉资源倍增效应带来的有利一面，而完全忽略了人际关系应该以个人感情为纽带。他们并不想将朋友的朋友发展成自己人际关系中的一环，却打着“半生不熟的朋友最好坑”的恶念头进入每一个新的人际关系圈，而这正是被深恶痛绝的传销活动的思维方式！

为了认清这种错误行为，我们先要了解它的真实面目。类似传销活动这种靠发展下线组建起来的畸形人际关系状态有几个特点：

1. 以攫取利益为唯一目的。

2. 以欺诈的方式建立起人际关系，基础极其不稳定。比如社会上的一些非法集资行为，走的就是这种类似发展下线的朋友找朋友的模式，通过付出高额利息来吸引对方。如果资金链断裂，入股方就不能按时获得利益，所谓的朋友关系即不复存在。

3. 相互裹挟。上线依靠发展下线人员获得利润提成，下线要捞回成本、获得报酬，就必须不停地发展更多的下线。

我们都明白朋友需要真诚相待，对待朋友的朋友同样如此。友谊需要用心去经营，绝对不能仅以利益为纽带，更不能采取欺骗的手段。

当然，现实生活中赤裸裸的传销活动是非法的，但有些人将发展下线的手段援用为事业的辅助手段，将朋友变成市场营销或完成任务的工具。这样做只能消耗人脉资源，进而加速葬送事业。

另外，和间接朋友无论关系发展到何种程度，是好是坏，都不要因此影响和介绍你们认识的朋友之间的关系。

我们身处复杂的社会中，现实的状况是身边的人际关系错综复杂，也许会有朋友对你抱怨："你的那位朋友太不够哥们了，借我钱不还，是不是骗子啊？"从严格意义上说，只要在发生借钱行为之前，没有让你担任中间人或担保人，则此项债务与你没有任何关系。但我相信你听到这样的话依然会很生气，毕竟债主和欠债人都是你的朋友，二者通过你才产生之后的关系。不管是内疚还是愤怒，都会让你心情不好。

好了，我们现在可以换位思考一下，假设你是这位债主，遇到这种情况会不会将怨气撒在介绍你们认识的朋友身上？甚至将对方看作责任方要求他补偿？其实我们应该明白，要为自己的行为承担后果，而不是失态之下波及他人。尽管和欠债人之间的友谊关系破裂，但这不应该成为影响你和介绍人之间友谊的原因，当然前提是对方确实和此事无关。

还需要有心理准备的是，不是每个朋友的朋友都一定能够成为你的好友，这个是必然的。也不是大家都能一见如故，毕竟人际关系需要时间的考验和情感的沟通，在人生态度、处世方式、情趣爱好和性格特点等方面需要进行磨合，关系才能有进一步的发展。

所以不要将仅有一面之缘的人贸然纳入核心朋友圈，也不要一厢情愿地将可能还处在陌生状态的人当成无话不说的好友。要有恰当的交流，你才能确定对方是否真的适合成为你的"1"。

◆ 缺乏界限感，关系就成为一种纠缠

这里要讲的，主要是在结识间接朋友的过程中，需要注意的地方。

在没有成为直接的朋友之前，朋友的朋友可能只是一面之缘的陌生人，千万不能太快进入角色。即便成为了好朋友，也要顾及共同朋友的感受，考虑对圈内成员的影响。因此，对待朋友的朋友一定要谨慎行事。

不要将对朋友的认识套用在朋友的朋友身上。刚认识时一定要分清彼此，特别在钱财方面，务必做到你的是你的，他的是他的，万不可当成亲密关系而不分你我，毕竟你们的关系还没有好到那种程度。在费用开支或物品使用方面，即使对方大方豪爽，也不可故意占别人的便宜，最好适当弥补。营造一个轻松的相处范围，为友谊的增进打下基础。

另外，一定要保持距离。每个人都有自己的私人空间，何况间接的朋友呢？因此要表示出尊重，未经许可不能随意侵犯他人隐私，同时照顾一下对方的嗜好。比如若对方喜欢抽烟，你虽然不喜欢，也请保持淡定，即便提出抗议也要委婉一些。

多年的老朋友、同学、发小等，可以不拘礼节、不分场合，但如果你对朋友介绍来的朋友过分随意，一方面，对方会因不能很快适应角色而手足无措；另一方面，对方可能会误认为你是一个随便的人，从而不重视你们的友谊。虽然人们在互相介绍时都会说，好了，既然互相认识了，从今往后大家就是朋友了，但双方都需要一个适应和交流的过程，不可能一下子进入老朋友的阶段。那种“见面熟”的朋友，往往是友谊维持不了很长时间的朋友。

别指望别人能马上为你付出许多。不仅不要指望对方可以给予更多的帮助，而且不要主动为对方增加负担。比如不要开口借钱借物，也最好不要在你们的关系没有到一定程度之前，请求对方帮你处理一些比较花费心力的事情。最重要的是，在你遇到困难时，若朋友的朋友未能及时施以援手，请换位思考，多理解他们。

不要议论共同的朋友。共同的朋友是你们双方的介绍人和好朋友，如果二人在背后谈论共同朋友的种种不是，则犯了社交的大忌。你们双方对共同的朋友了解的深广度、关系的亲密程度并不一样，你不能保证所有的议论不会被转告给共同的朋友，更不能保证不被第三人知道。一旦你们的谈话内容泄露，在圈子成员眼里，你就是那种过河拆桥的人；而在朋友眼中，你更是那种靠不住的人。

朋友的朋友，看字面就知道，毕竟中间还隔着一个朋友。前面我们讲过，和间接朋友的交往最好不要影响到自己和直接朋友的关系，也就是和每个人的交往要保持独立性。不过这里还是做一个建议：在最初阶段最好在共同朋友的参与，至少是知晓的前提下进行交往。这样，一方面可以从直接朋友这里得到一些中肯建议，另一方面是避免他产生失落感，不至于认为你们忽略了他。

◆ 3 个方式，快速正确传递关系

通过发展与朋友的朋友的关系，能迅速扩大人脉关系。但我们必须理智地承认，这些快速获得的关系并不能都成为有用资源。虽然有共同的朋友这个纽带，但我们对朋友的朋友不够了解，共同的朋友也不可能全天候地辅助你们成为朋友，要想真正做好人脉资源的深度开发和利用，还有很多工作要做。其中关系传递的方式正确与否，直接关系到结果是否理想。

首先是避免关系传递的中断。这可以用一个例子来理解。你与某人是要好的朋友，他邀请你参加他的一次聚会，将你介绍给他的好朋友认识。这时候他就是试图主动把他的人脉关系传递给你。但聚会结束后，你没有留下聚会中其他人的电话，收到的名片也被随手扔进抽屉里，那么这次的关系传递到你这里就中断了，你朋友试图传递关系的行为也就自然失败了。

那么，怎么做才是传递关系的正确方式呢？

1. 找准自己在人际关系中的定位

依靠朋友一对一的介绍，关系传递的质量固然不错，但传递的机会和数量太少。积极参加各种联谊会、沙龙聚会、婚礼宴会、户外活动，可以获得更多的关系传递机会，机会增多了，总有一些关系适合你，即便传递衰减，终归会留下另外一些关系。我有一位朋友，是保险公司的高层管理人员，从来不向我推销保险业务。但每次他们公司举办晚会、音乐会或庆典活动，都毫无例外地预留不少门票，邀请我及我的朋友们参加，并积极参加我们组织的艺术赏析等活动。一段时间后，她成功地进入我的朋友圈，同样从不主动向大家推销业务，她所从事的业务和公司的介绍也都是在闲聊中偶尔提起，不久她也渐渐被我的朋友们接受，融入了这个圈子。而作为圈子中唯一的专业保险从业人士，当我们需要咨询保险方面的事情时总会首先想到从她那里寻求帮助，而她也从不拒绝这种关于专业知识上的请教，总是耐心解答。久而久之，我的朋友圈里，只要有办理保险的需要，就会找她办理。

虽然她从不在朋友圈里推销，但她的业绩却总是很好。这是因为她找准了自己在人际关系圈子中的定位。如果以一个保险推销者的身份进入陌生的圈子，是不可能成为大家真正认可的朋友的。而如果是大家都认可的朋友，正好可以帮忙咨询办理各种保险事宜，那么这种身份就是足以让人信任的。

2. 不同圈子之间的传递效果不同

在人际交往中，一个人可以成为辐射源，带动一个面，如果借助更多的朋友帮你传递关系，就会迅速扩大人脉关系，让单一的面成为立体的网络。

我是个喜欢美食的人，到每个城市都会去街巷里寻找那些美味的当地吃食。尽管有些小店隐藏在很难找的老巷窄弄里，但依然声名远播，每天都有许多人慕名而来。我发现有些口碑不错的店铺，比如某某城市十大美食餐馆，或者某某不得不去的餐厅之类，亲身尝试过后却发现味道一般，颇为失望，不知为什么这样普通平常的饭馆也能受到如此多食客的称赞宣传，其中是不是有炒作成分？

带着这个疑问，我特意留心后，果然发现一个很有趣的现象。这种名不副实的店铺，名气果然基本都来自店家有意识的炒作，慕名而去的绝大部分是不知真相的外地人。而本地朋友介绍的那些口碑上佳的食馆，味道很好，但生意反而没有前一种店铺那么火爆。

为什么会出现这种劣币驱逐良币的状况呢？因为不同圈子对同一种信息的需求不同，从而导致传递效果也不同。前一种店铺所采用的宣传策略非常具有针对性，那些来旅游的游客往往对美食最感兴趣，但因为缺乏资料而不能在成千上万个餐厅中做出准确判断，因此当商家有意识地在各个旅游论坛等地方做口碑宣传后，就容易影响到游客们的选择。

利用圈子的不同传递特性，还有个非常优秀的例子。这是我某个客户的亲身推销经历，至今想来都觉得这个故事非常值得一说。

这个客户刚进入某家食品公司，就赶上一年一度的月饼推销大战。那些业务能力强的同行们要么走大公司的集团采购路线，要么就做活动走商场零售的路线，大家都调出自己的人脉资源库，销售做得热火朝天。他刚进入这个行业，一无经验二无关系，面对销售任务一时间毫无头绪。

思考了两天后，他决定另辟蹊径，绕开集团购买的大客户，选择主攻包装普通、价格不高但味道不错的几款经典产品，把目标客户锁定为经济条件不太好的退休老人，然后开始挨家挨户地上门推销。虽然他选择的月饼并不是很贵，但老人们的经济条件普遍不太好，都舍不得花钱，几乎一盒也没有当场卖出去。

不过他并不气馁，依然一个小区一个小区地推销，老人不买也没有关系，可以免费品尝，并且他都态度很好地留下了自己的名片。

他每天辛苦地做着这些工作，在同事们眼中显然都是无用功，事实上他的销售业绩也一直增长缓慢，牢牢垫底。但临近中秋时，他的订单忽然飞涨起来，电话不断，开始都是散单，后来逐渐也出现了很多团单。在短短的半个月内，这些单价并不高的产品却凭借巨大的数量，让他的业绩飞快地冲进了前几名。

原来，老人们的购买力虽然不强，但每当节日，却是最容易收到礼品的人群。他挨家挨户上门，从一开始就没想过要靠直接销售来解决问题，而是免费让客户品尝，了解月饼真实口感，再加上价格便宜，在老人这个群体内，大家闲暇时间很多，有机会对产品做口碑传播。更重要的是，当中秋临近要买月饼时，老人们的意见往往会影响家中的其他人，这些因素加起来，最终让他一个新人创造了不小的销售奇迹。

3. 不要急于求成

很难想象，只是参加一次聚会，就能与很多交换过名片的人保持良好的人际关系；更无法指望只留过一次电话号码的人能立马与你成为朋友。交朋友、聚人脉，需要用心，需要投入精力和时间。即使有良好的机会，能从别人那里传递过来一些人际关系，但想要坐享其成只能是一种奢望。不少“富二代”和“官二代”，虽然一出生便拥有丰富的人脉资源，懂事后更会由长辈完成关系传递，但这些关系毕竟不是自己的直接资源，如果不用心经营，父辈留下的人脉会很快消耗殆尽。只有抱着尊重和渴望的态度，保持交往的主动和激情，才能将更多的朋友的朋友纳入朋友圈，成为可以开发利用的人脉资源。

02 原则，是你不可或缺的立足点

◆ 坚守人际交往的基本原则

人以类聚，物以群分。不同类型的人聚合在一起，形成各种关系圈，每个关系圈的文化都不尽相同。但总有一些共通的东西维系每个圈子的基本形态，那就是人际交往的基本原则。这些原则，也是待人接物的底线，我们都应该坚持这些底线，以保证人际关系正常发展。

首要的是平等原则。平等是人类追求的终极目标之一，也是文明社会倡导的基本理念。众生平等，按自己的方式生长，符合自然规律，也符合个体的愿望。在社交活动中，人与人之间只有社会分工的不同，而无高低贵贱之分，人人都应该充分享受政治权利、人格尊严等方面的同等对待。事与愿违，虽然人类为争取平等一直在做艰苦卓绝的斗争，而事实上的不平等依然随处可见，不平等的意识在很多人的头脑中根深蒂固。为此，人类社会因经济利益和政治权益被分成不同的层级，底层社会和上流社会存在着明显分野。种种不平等，导致人际交往矛盾重重，造成社会的不和谐。作为交往的一条基本原则，我们虽然无法消灭事实上的不平等，但理应坚守这一原则。无论高官巨富、贩夫走卒，作为交往的对象都应该是平等的，尊重人格、不卑不亢，在尊重对方的同时实现对自己的尊重，你就能保持自己的风格和特点，迅速成为关系圈的核心。

其次是真诚原则。在前面的章节，我们对真诚的重要性有过介绍。这里想再次强调一下，虽然人与人交往的目的不尽相同，手段也各异，但都不能没有真诚。梁山聚义之前，各位好汉从五湖四海走到一个山头，虽然各自都有缺点，有的好色，有的鲁莽，有的好斗，有的偷窃等等，但相互之间的真诚以待最终使得大伙团结在一起。

在实际行动中，不少人存在“防人之心不可无”的顾虑，不以真诚示人，结果交不到真心朋友，无法发展人脉关系。如有的人担心受到欺骗，故意隐瞒姓名、年龄和身份，终日忧心忡忡、疑神疑鬼，不但得不到真正的朋友，还会以无形的压力增添社交障碍。

再次是互爱原则。所谓互敬互爱，互敬是针对平等而言，互爱则是基于平等基础上的交往方式。坚持互爱原则并不简单，首先，它要求做人要有一颗仁爱之心，热爱生活、热爱万物、热爱身边的人；其次，落实在行动上，要主动关心和帮助他人，对他人要有极大的包容。有了这样的前提，才能感化对方，赢得对方的友爱。凡朋友都有可爱之处，我们要努力发现对方的优点和长处，唤起对对方的爱心；我们也要不失时机展示自己的可爱，赢得对方的友爱。

最后是互助原则。它是与互爱并肩而行的原则。互助是人际交往的最后归宿，也是最终目的。即便乐善好施的观世音菩萨，也会从普度众生中得到修炼，何况凡夫俗子。不可否认，每个人交友都是有目的的，只不过有的直接，有的隐蔽，有的模糊，有的明确。既然有目的，那就要率先帮助他人，支持他人，才能得到对方的帮助和支持。互助绝对不同于互相利用，互相利用没有情感注入，且完成利用达到目的后就终止关系，而互助是建立在互爱基础上的互相帮助，即便对方不能提供帮助也不影响彼此的友情。在生活中，我们都要有乐于助人的心态，力所能及地为他人提供帮助，在助人中得到幸福的体验，当自己有危难时，也会得到其他人的帮助。在人际交往中更要坚持互助原则，在关系圈中，应有“我为人人，人人为我”的观念，树立合作意识，时刻主动向别人伸出援助之手。如果失去互助原则，则会时时盘算对方有无利用价值，斤斤计较自己的付出有无回报，何时得到回报，这样的人只能让人脉路径越走越窄。

除了这些基本原则之外，也许你还有一些个人原则，同样也应该坚守。因为每个人的价值观都不会完全一样，坚持个人原则，有利于将自己的同类人划分出来，对于原则相悖的人，大家则“道不同不相为谋”就好。

◆ 最好的社交风格：成为你自己

在不少场合，我们这样介绍某人："他为人真诚，很容易相处。"或"那人是个热心肠，特别爱帮助人。"其中"真诚"和"助人"就是此人的社交特点。平等、真诚、互爱和互助四大原则是人际交往必须保持的底线，但能否让其成为一个人在社交活动中的特点，却需要个人的修养。

一个成熟的人具备稳定而持久的社交风格，而社交特点是风格的体现。著名社交设计专家汤姆·克拉林格博士在长期的实践中，将各种社交风格分门别类，归纳出常见的四种风格类型：表现型、驾驭型、分析型和亲切型。

我们在逐一了解这四种类型之前，应掌握两个相关的概念。其一为响应度，响应度本意是描述器件光电转换能力的物理量，其大小与器件材料、光波长有关。这里特指沟通交流过程中的回应和反馈程度。它有高低之分，高响应度表现为询问型，低响应度多为告知型。其二为武断性，武断性指一个人的主观性或随意性。它有高低之分，高武断性表现为控制型，低武断性表现为情绪型。

表现型

表现为高响应度和高武断性，这种类型的人具有外向、热诚、说服、率真、风趣等特点，是各大圈子的交际花，能迅速拥有融洽的人脉关系；他们喜欢成为圈子的中心，乐于做主持、宣传、营销、管理等工作。

驾驭型

表现为低响应度和高武断性，这种类型的人独立、坦率、果决、主观、注重效率，大多为关系圈的核心人物，担任领导要职；他们喜欢自作主张而不喜欢别人干涉，一旦做出决定则负责到底。

分析型

表现为低响应度和低武断性，这种类型的人擅长推理，具有精确、严肃、小心等特点，多为关系圈中军师类的幕后人物；他们常为圈子所倚重，但也会因为谨小慎微和过于严肃而拒人于千里之外。

亲切型

表现为高响应度和低武断性，这种类型的人具有合作、支持、随和、耐心、忠诚等特点，在社交场合中比较广泛，很容易相处但难以很快融入人脉圈；他们能与绝大多数人保持良好的关系，但并不轻易成为朋友。

根据以上分类，我们可以先将自己的风格做一个界定，或者结合自身特点确立某种风格；然后注意扬长避短，表现自己的风格和特点。如果你的风格属于表现型，则尽可能发扬热情、大方的特点，同时注意细节以免无意中得罪别人。如果属于驾驭型风格，可保持高效率和创新精神，但要注意主观武断方面的问题。如果属于分析型风格，则要更大胆地参加社交，适当地让自己大方随意一点。如果属于亲切型风格，可适当爱憎分明，选择那些特别真诚可靠的人发展为好朋友。

了解对方的社交风格，可以帮助我们以不同的方法区别对待，提高社交效果。

针对表现型的人

要集中全部精力，做事要雷厉风行，以跟上他们的节奏；要对他们提出的宏伟规划热烈响应，将具体的安排和细节放在后面；要抽出时间参加各种社交活动，多与他们交流理想和生活之类的话题。

针对驾驭型的人

要养成守时的习惯，绝对不能让对方等你；要注意节约时间、提高工作效率，要开门见山立马进入正题；汇报工作时如果对方不主动询问，尽量减少对过程的描述而应直接说出结果；沟通交流时最好围绕某个主题列个提纲，以便紧扣中心快节奏地完成；结束交流后，尽量减少对生活琐事的闲聊。

针对分析型的人

务必准时赴约，切忌以自我为中心的指令式谈话；在穿着打扮和言谈举止上尽可能地正式、庄重，太过随意会引起对方不必要的联想；交流时尽快结束寒暄和闲聊，将主要意图及时表达出来；在交往之前一定要做好调查研究，避免在交流过程中被对方问得哑口无言；措辞表达尽可能地准确，避免“大概”“差不多”等不确定的表述。

针对亲切型的人

应保持轻松、舒缓的节奏，尽量减少紧迫感，不给对方造成任何压力，以足够的耐心等候对方；公开场合认识之后，最好迅速转入私下交往，因为他们更擅长与人建立深厚的友谊；要多与对方交流，尽量用询问的方式，让对方做出反馈；在给对方提出某项计划时，要尽量减少风险，避免将其推至为难的境地。

◆ 亮出你的交际红线

很多时候，坚持原则与维护友情是一对矛盾体，但如果掌握一些方法技巧，也可以实现二者的统一。比如，朋友之间应该互爱互助，这里的“爱”和“助”第一是相互的，第二应是力所能及的。如果只有单方面的帮助或超过能力范围的帮助，则非朋友所为。因此，我们应结合自身实际情况制定一些交友原则，并通过适当的方式坚持下来。这样既保护了自己，又不至于影响人际交往。

底线原则绝对要坚持

人际交往必须坚持法律和道德的底线，一旦超越，就无法继续朋友关系。比如，有朋友向你借钱可以，但邀约你行骗或行窃则越过了法律底线，赶紧向对方亮出红灯。有些行为不违纪违法，但有悖道德，如关涉“黄、赌、毒”等行为。坚持了这一最基本的原则，可以保证远离狐朋狗友，保证行为安全。

将自己的原则及早告诉对方

对朋友的一些过分的要求，千万不要碍于面子不敢拒绝。比如借钱、借车、借住等，很多人一开始没有拒绝，最终造成朋友关系破裂。借钱迟迟不还，借车出现剐蹭或交通事故，借住长年累月不离开……都会把被借者搞得身心疲惫、苦不堪言，撕破脸面的那一刻，对方还往往占了上风。对于这些很麻烦的要求，不能用谎言或借口搪塞，因为谎言和借口一旦戳穿，朋友关系肯定恶化；最好直接拒绝，比如有人在对方刚提出“借”时立马直截了当地说，本人有几不借，一不借钱、二不借车、三不借房，可以让事情变得更简单。

真正的朋友不会违背你的原则

有时朋友的要求可能不难办到，但答应帮忙可能会给自己的工作或生活造成影响，可以委婉地拒绝。比如，同事请求周末帮忙顶班，这事不是不能帮，但你正好计划周末带孩子郊游，而在你的原则里，如果陪家人是最重要的，那么你可以礼貌地回应："很对不起，这周末我已经有安排了。"作为真正的朋友，对方肯定会理解，如果这样的拒绝会让对方生气，则应重新考虑一下你们的关系了。

◆ 有原则的人更吸引人脉

很少有人知道穆时英这位民国时期英年早逝的天才小说家。穆时英 17 岁考上大学并开始从事文学创作，以表现下层百姓生活、揭示贫富对立的不平等现象的《南北极》等小说轰动一时，在现代文学史上被誉为"中国新感觉派圣手""中国现代都市文学的先驱者"。

穆时英伴随着左翼作家的猛烈批判成长，却最终没能坚持应有的原则。在创作上，他转而描写光怪陆离的都市生活和迷恋于声色之间的都市客。在个人生活上，他春风得意、在大上海的十里洋场日益堕落。政治立场上，他经朋友介绍到汪伪政府担任报纸主编，并最终沦为汉奸，被人枪杀。

穆时英太年轻了，还没经过生活的磨炼，不知道哪些原则应该坚持，最终进入了错误的朋友圈，仓促地完结了悲剧一生。我们应该主动学习人际交往常识，把握和坚持交友原则，只有坚持了这些原则，才能赢得真正的朋友。在坚持原则的条件下，哪些人可交，哪些人不可交呢？以下几种人不但可以交，而且能在交友过程中收获颇多。

时时激励和赞扬你的朋友。即便你并不优秀，他也会抱着欣赏的态度与你相处，能不时强调你的长处和优点，肯定你的成绩，让你保持积极向上的生活态度。他会维护你的正面形象，在有人贬损你时，勇敢地站出来为你辩解。

经常提醒你的不足，帮你改正错误的朋友。他或直接或委婉地指出你的缺点或过失，提醒你及时改正，以避免犯更大的错误。这种朋友就是古人所称的诤友，能直言不讳、肝胆相照。诤友能真诚地关心和帮助朋友，让一个人时刻保持清醒的自我认识，不断成长和进步。

投缘的朋友。人们通常将脾性相合、意气相投、有共同兴趣爱好和人生理想的人称为投缘的人。“投缘”是一个抽象词语，一般人很难达到这种境界。人生难得一知己，交友不求知己，只要能有哪怕一点共同点，能有很多共同语言，就值得交往下去。

及时推荐你，且介绍朋友给你认识的人。有的人堪称伯乐，至少是好心人，会欣赏你的优点并通过各种渠道将你推荐出去；他也会及时将你纳入他的朋友圈，介绍更多的人给你认识，因此他可能成为你生活中或事业上很好的辅助者。

嘘寒问暖且及时提供帮助的朋友。这种人的帮助是发自内心的自然行为，不会给被帮助者带来心理负担。他会在日常交往中关心你的冷暖病痛，缓解你的压力，并在及时伸出援手之后，和你一起共同面对困难。

把机会让给你的朋友。这种人会吃苦在前、享乐在后，将好的机会让给朋友，比如优先选房的条件、提前休假的名额等等。他们是宽容的、富有牺牲精神的，会成为你成长中的助力者。他们在得到有关信息时，会首先告诉你，与你一起分享或分担。

对以下几种人，则须提高警惕。

丧失做人底线的人。违法乱纪者、违背道德准则者、不顾做人尊严者等等。比如不孝敬父母之人、不关爱子女之人、性格暴戾没有爱心之人等，这些人连做人起码的底线都不能坚守，怎么能够做朋友呢？

缺乏诚信的人。诚信是人际交往四大基本原则之一，是立身之本、为人之要，是为人处世的出发点，也是互爱互助的基础。交友，必须远离虚伪和欺骗的人，除非你本身就是一个大骗子。

卑鄙小人。何谓小人，即当面一套背后一套，阳奉阴违、口蜜腹剑的人。伪君子和小人不可交。小人之交甘若醴，这样的朋友擅长甜言蜜语、溜须拍马，将你照顾得服服帖帖，但自古小人难养，小人之所以对你像蜜糖那样甜，是因为他有求于你，甚至要踩着你的肩膀而上，可能加害于你。趁早远离小人，咱们惹不起躲得起。

自以为是者。这种人以自我为中心，目中无人，视朋友的付出和帮助为理所当然，他们不懂得互助和感恩。趁早远离这种人，以免做很多无用功。

吝啬势利者。他们为人小气、斤斤计较，很容易与人产生矛盾；他们将生活包括情感都金钱化、物质化，缺少起码的人文关怀和感情呵护。他们与人交往，很在乎投入和产出比，最后为蝇头小利不惜撕破脸皮。

03 / 不焦虑的人际交往术

◆ 人人都想要结果，但过程也很重要

人际交往指人与人之间的互动与交流，是个体通过一定的语言、文字或肢体动作、表情等表达手段将某种信息传递给其他个体的过程。人际交往是一个双方参与的过程，是和谐相处的一种方式，是人际关系的具体表现。

人际关系是人们在生产或生活活动过程中所建立的一种社会关系，是人与人在交往中建立的直接的心理上的联系。它包括亲属关系、朋友关系、学友（同学）关系、师生关系、雇佣关系、战友关系、同事关系及领导与被领导关系等。

虽然，有的学者将人际关系等同于人际交往，但我认为，人们通过人际交往获得人际关系，在社会交往活动中，人际交往是动态的过程，人际关系是固化的结果。人际关系不是社会交往活动的最终形式，作为一种结果，它有各种不同的形态。

短期松散型关系

大多为追逐金钱和物质形成的利益群体，比如公司临时组织的销售团队、攻关小组，时下颇为流行的团购、短训班、各种临时活动组织等，这种关系以互利甚至利己为目的，只在短期内存在，随着时间推移自然消亡。

长期紧密型关系

拥有这种关系必须经历岁月的磨砺，如同窗多年的同学关系；经历过出生入死的考验，如一起上过前线的战友等。关系成员本身没有多少利益关系，但经历过患难与共、长期磨合，修补了双方不适合的部分，留下的是坚不可摧的朋友关系。

在这个注重结果的时代，我们可不可以迈过交往的阶段，直接获得人际关系这个结果呢？答案当然是肯定的，我们不但能轻易获得短期松散型关系，还可以得到长期紧密型关系。有人会对此产生怀疑，但你稍加留意不难发现生活中有很多关系几乎是一步到位的。简单来说，一位年轻大学生毕业后应聘到一座城市某个单位，与单位员工由素不相识变成长期紧密的同事关系。

掌握了前面的诸多理论，我们可以灵活运用，直接拥有急需的人际关系。比如，有的人为了事业快速成功，通过婚姻、认干爹干妈或结拜兄弟等方式获得亲密关系，或通过送礼等物质刺激直接获得关系，如此种种，虽为人不齿，但他们直接得到想要的结果，也算得上社交活动的成功。我们认同寻找获得关系的捷径，但反对夹杂太多的功利性和目的性。通过捷径获得人际关系，并不等于拥有了人脉资源。

要让直接获得的人际关系持续健康发展，应注意策略。这有点类似夫妻相处的艺术，十多年甚至数十年前男女双方互不相识，通过短暂的交往建立了世界上最长久紧密的关系，但双方过于如胶似漆关系反而不能长久。它需要双方更多地包容，避免太多的伤害；需要给双方留出足够的空间，保持距离感，避免更多的干涉。因为这种速成得来的关系，缺乏实践的磨炼和考验，需要更多的培养和呵护。

维护关系时，换位思考是一个重要的方法。虽然不必相处得小心翼翼，但在处理任何事情之前都站在对方立场上想一想，就能避免不必要的伤害和痛苦。从小长大的哥们或闺密对彼此都十分了解，基本能够做到心有灵犀。直接得到的关系则跨越了长期交往的阶段，必须以换位思考进行事前的假设和推演。

深入表达和沟通可以稳固关系。直接获得的关系存在许多问题，这些问题必须解决，比如应该说出双方拥有这种关系的真实想法和愿望，在表达与反馈中达成共识，形成默契。陌生的年轻人拜在师父门下做弟子，迅速拥有了师生关系，但这种关系其实很松散，徒弟应该主动将敬佩师父的德行和手艺等想法说出来，让师父明白他的心迹，以便达到真正的师承关系。

适当的改变可以维护关系。迅速获得的关系会因为双方缺少磨合而破裂，因为人人都希望对方为自己做出改变。但是改变是很艰难的，需要双方平等协商，互相妥协让步，才能保证和谐的交往和持久关系。

既然可以一步到位获得关系，我们为何还要辛苦地开展人际交往呢？因为人际交往不仅是一种手段——利用关系获得生活资料和生活协作，还是人们获得精神上的愉悦和满足的方式，可以满足人们的安全需求。简要地说，我们的交往不只是物质化的利益交换，还有安全需求和精神层面的满足，比如人们享受恋爱状态，希望感受这个幸福的过程，而不是直接结婚，跳到恋爱关系的最终结果。

人际交往本身，就是无可替代的一种丰富的人生经历，经历交往过程而来的关系比直接获得的关系更稳固、更持久。

◆ 3种方法，有效维护人际关系

每一个成功者的背后都有过其他人的帮助。

当我们获得暂时性的成功时，要清醒地明白你的人际关系圈里的成员带给你多少帮助，你要做的是让这些“1”成为一直在你身后支持你的力量，而不是将他们变成你的敌对关系，从而毁了你的人脉关系圈。

小曾从事业单位辞职下海，开了一家小型广告公司，设计制作各种标牌、产品包装之类，一直小打小闹不成气候。有一次老乡会，小曾认识了一位老乡，老乡在一家大型食品企业做采购经理，食品包装采购也属于他的业务范畴。二人非常投缘，决定合作一把。老乡注资数万元占 49% 的股份，负责销售，决定与小曾一起把广告公司做大。在老乡带来源源不断的订单和客户后，广告公司业绩直线上升，两人迅速创建印刷厂，将广告公司扩张为股份有限公司。

公司规模做大，小曾由之前负责设计、生产，脱身进入企业管理和营销领域，慢慢进入了老乡的关系网。半年之后，老乡所在的公司因故突然倒闭，二人合伙的公司失去了最大的客户，老乡在业界也不再呼风唤雨。小曾眼看公司利润渐渐萎缩，还要被分走一半，想来想去觉得老乡已经失去了利用价值，就想了一个办法将老乡踢出公司。

这个故事在不到一年后就有了新结果：老乡很快被另外一个食品包装企业挖走，重振旗鼓进入营销领域，并迅速将小曾公司的新老客户都拉了过去。小曾的事业重新跌回了原点。

人际关系的保障并不能一劳永逸，尤其不能失去关系圈那些关键的“1”。

关系圈就如一副码好的多米诺骨牌，无数个的“1”就是单个的牌，无论哪一张牌倒了，关系圈都会产生连锁反应。越成功的人越注重维护人际关系，特别注意维护那些对自己有恩但尚不发达的成员，这些人既是成功者关系圈中曾经的助力者，还是现在可以倚重的辅助者（可以从他们身上赢得良好的口碑）。

良好的人际关系得来艰难，维护更不易。因为在一个人的成长阶段，很多助力者会主动提供帮助，但步入成熟期后，必须努力维护这些助力者。正如一棵树，在树苗阶段，泥土会积极提供养分，周围的植物也会主动为它遮风挡雨，当树成长为参天大树时，必须独挡风雨，且用落叶回报大地的恩泽，用树荫报答植物的帮助。关系最大值由无数个助力者铺垫而成，我们必须尽力维护各个层次的关系，确保最大值为己所用。

要善于交流

一个人无论职务多高、财富多少，都应保持低调、谦逊的心态，多听他人的意见而不主观臆断。作为听众，应该了解对方的真实想法与感受，然后坦诚地做出反馈，让对方感觉到仍然受到重视，会一如既往地拥护你和提供帮助。多年前的师父、老上级，虽然年事已高、思想过时，但依然关心你的成长，你应该怀着学生和晚辈的谦逊，认真聆听，真诚地做出反应。

突破沟通障碍

成功人士肯定也遇到过沟通障碍，如果不排除这些障碍，很可能失去某些关系并在关系圈中造成不良影响。古代为官者微服私访、现代企业老板私人拜访员工等都是主动突破沟通障碍的表现。

多一些理解

因为地位悬殊和距离变化，曾经倚重的朋友也许会变得不可理喻，也可能会对你提出一些苛刻的要求。但作为互相了解的朋友，你应该主动理解对方。比如我们人际关系中最可靠的那个“1”就是我们的父母。可父母终有一天也会老，也会有无休止的唠叨，甚至做出一些让我们很难接受的行为。但作为子女，应理解作为父母的良苦用心。即使不认同他们的做法，但至少应该理解认同他们的出发点，并主动维护与长辈之间的关系。

古人强调“吾日三省吾身”，可见认识自己不易。要经常检视自己，尤其是当自己的人际关系处于充满活力的发展阶段时，更要注意审视自己是否忘乎所以，是否妄自尊大，是否感情用事。只有认识真实的自我，才能更好地将自己这个“1”与关系圈中其他“1”之间的关系保持稳定。

◆ 不要让自己成为不受欢迎的人

我们都想成为人际关系中那个最受欢迎的“1”，并且希望每个其他的“1”都愿意和自己建立强力关系，这样的状态下整个人际网络的关系和信息传递都会非常迅速，可以说是人际关系最理想的状态。

如果不尊重人际关系的基本规律，忽略过程而一味快速地追求关系最大值的结果，很多时候反而会欲速则不达。

我们在特殊的情况下，可以跳过人际交往通常必经的一些过程而直接获得最佳关系。历史上就有很多一见如故并将友谊维持终生的故事，也有许多相见恨晚，相谈一番后便认定对方是最佳合作伙伴的典故。能遇到这种情况是很幸运的，人际关系中多了一个直接达到最大关系的“1”当然是一件好事。而强关系的建立必然是双方的，这一定程度上也能够肯定自己的人格魅力，证明自己这个“1”是很有吸引力的。

我们在享受这种幸运时，不能无节制地索取，必须尽力对等付出。这也是为什么在关系圈里，有的人能一直拥有很好的人缘，而有的人虽然侥幸获得强关系却无法维系，最终变得不受欢迎。可以这样说，有时候我们可以幸运地走一段捷径，但纵观人生的漫长旅途，绝大部分时间需要我们脚踏实地、一步步地经营我们的人际关系圈，而在这个过程中，要避免变成那些不受欢迎的人。也许这些人的缺点不是原则性的，但对于建立良好的1+1关系，依然有很大的负面影响。

1. 消极懒散的人

他们的生活消极颓唐，没有进取心和上进心，不但自己的工作和生活没有起色，还会不自觉地将这种负能量传递给其他人，甚至辐射出去影响整个关系圈。人总会有低谷，大家也愿意帮助安慰关系圈中那些暂时陷入困境的朋友，并理解他们的低落。不过最终问题的解决，还是需要自己尽快调整消极的心情，走出困境。如果长期萎靡不振，那么其他人终会选择放弃，等你发现其他人有意疏离你时就为时已晚。

2. 没有特点的人

现实就是如此残酷，其实这种人本身并没有什么明显的缺点，因为他们太没有存在感了，就连缺点都如此乏味。即便通过某种关系进入关系圈的核心，但因为这些人本身没有什么特点，交往起来会让人感觉乏味，很容易被其他成员淡忘，逐渐边缘化。不同于特长，个人的特点更多体现在表象性格、行为方式、思维角度等方面，是比较主观的。

3. 贪婪的人

他们的特点是只喜欢获取而不愿付出。其实这种情绪是人的天性，但一个成熟理性的人应该能够管理好本性的欲望。贪婪的人，最大的问题不在于吝啬、抠门、爱占便宜，他们要么管理情绪和本能的能力太差，要么实在不够聪明，我们之前已经讨论过关于“得与失”的关系，应该知道贪婪反而是成本很高的短视行为。

4. 个人英雄主义强烈的人

这种人一般有很强的个人能力，这是值得肯定的优点。强烈的个人表现欲望，在某些时候也是成为关键人物的动力，严格算来不能算是太大的缺点。但如果不能认清自己的这种性格特质，过于缺乏团队意识，就会因为逞强好胜而导致有意无意地打压其他成员，这样必然会受到关系圈的排斥。

1+1 交往术的核心点，就是在做好自己这个“1”的同时，与其他“1”结成良好关系，从而建立起属于自己的人际关系网络。如果因为个人英雄主义而主动放弃与其他“1”搭建顺畅关系，那么则是从根本上走了反方向，就算自己能力再强，没有他人帮助也难以成事。

5. 原地踏步的人

一些人通过奋斗获得了人脉资源，身边不乏崇拜者和追随者，便躺在成绩上睡大觉，殊不知我们处在一个日新月异的时代，稍有停顿则很快会被超越。如果没有终生学习的习惯，不时时追求进步，迟早会被关系圈淡忘。

6. 精于算计的人

有的人将人际交往当成复杂的方程式，以利益为唯一的目标，不停地推演、计算，比如与某人交往会失去什么得到什么，与另外一个人之间的关系下一步该如何发展等等。当人际关系网发生一些正常变动时，则立刻按照自己的思维方式去分析推断，异常理性地来判断各种可能的利弊。

他们不一定是想占他人的便宜，只是习惯于用绝对理性的思维模式来处理人际关系。但人与人之间的交往毕竟是以情感交流为最重要的基础，这种绝对理性的相处模式过于刻板，会让绝大部分人难以接受。也许它可以让你与周围人的关系稳定地保持在一定程度上，但很难更进一步发展，也就是说，与周围的“1”关系并不紧密，那么整个关系网络就很松散。

诸如此类的缺点还可以罗列多种，我们可以花费一点时间对自己做一个对应的评测，如果某些方面不幸对号入座，要尽快改正这些不利于获得人际关系最大值的缺点。

04 远离那些会毁掉你社交圈的人

◆ 人际交往并不是让你去交朋友

我们的人际关系网络由很多不同的关系圈组成，这些小圈子又由各个具备不同社会身份的人组成。这些圈子有些相互交集频繁，有的相互之间毫不相关，这是由关系圈中成员的社会身份以及与你的社会关系决定的。

我们可以用自己习惯的方式和标准对这些关系圈进行一个大致分类，比如血缘及家庭关系圈、工作关系圈、朋友关系圈等等。血缘及家庭关系圈是根据天然社会关系划分的，这个圈中包括爷爷奶奶、父母、兄弟姐妹、子女、伯叔姑舅姨等具有血缘和亲情关系的人。而工作关系圈是按照工作属性划分的，其中又可细分为同事圈子、客户圈子等等。朋友关系圈则更多是按照个人的主观判断来划分的，如果按照关系的紧密程度，可以在此基础之下继续划分普通朋友、多年好友、生死知己等有所区别的更小的圈子。此外也可以按照兴趣爱好，比如旅游、足球、摄影等，来做具体的区分。

我们应该明白的一点是，无论用什么方式来对人际关系网络做具体的区分，最后的结果都能或多或少体现出我们与其他的“1”之间的亲疏关系。

一定要清楚知道哪些人是你人际关系中最不可缺少的核心人物，只有这样你才能了解自己人际关系的真实状况。

按照关系紧密程度，我们可以简单把关系网分成核心关系、熟悉关系和普通关系。

关于核心关系和核心人物，在前面已经详细讲过。我们可以按照情感需求和实际需求这两个不同准则分别划分出自己的核心圈。

其中情感需求的核心圈里包括无话不谈的挚友、亲人等。而实际需求更多地体现在事业上，这种核心关系包括重要的合作伙伴、可信赖的上司、忠诚的下属等。

要注意的是，情感核心圈成员几乎都是自己很好的朋友，但事业核心圈成员则不一定。

熟悉关系的范围比起核心关系来说要广泛一些，相应的，人数也更多。

熟人相聚而成的社交圈，往往是成员多次交往、彼此熟悉后交叉形成的松散关系网，也是社会交往中最常见的形态。熟悉关系基本可以等同于朋友关系，但二者也不是完全等同。比如有的人在你的生活中会经常出现，比如小区的物业人员，经常都要打交道，但不一定算得上是朋友。因为熟悉关系中，大家的交往不一定非常深入，可要成为朋友则要真诚以待。

普通关系是 1+1 交往圈中那些“1”的统称，他们处在你人际关系的最外层，数量应该是最多的。共同特点是你和他们的交道不多，了解也不深入。比如朋友的朋友在一开始大部分都处在这个关系圈中。当然人际关系是不停变化的，普通关系网中的人很可能进入熟悉关系或核心关系，也可能逐渐淡出你的人际关系网成为陌生人。

我们粗略地将人际关系网络按照亲疏程度，分成这样三个不同的关系圈，目的是让大家对人际关系状况有更直观的了解，能根据情况来灵活分配精力，去维护和经营各个关系圈。比如没必要将更多时间和精力花费在对普通关系的维护上，因为核心关系更值得用心去维护。

也许你会自己做出更精确更习惯的分类，但其实用什么方法，怎么划分，都不重要，关键是我们应该从刚才的分析中明白，朋友圈只是人际关系中的一部分。很多人正是由于难以将朋友在人际关系网中的位置摆正确，从而导致人际关系出现问题的。

他们常犯的一种错误，是随意扩大“朋友圈”的外延。最广义的朋友圈，甚至可以涵盖从核心关系到普通关系，乃至你的整个人际关系网。这样的定义其实已经失去了意义。但很多人不明白这个道理，一方面将很多处在普通关系的人定义为朋友，一方面又对朋友的要求很高。那么很显然他在与这些“朋友”相处时会遇到很多问题，因为对对方的期望会更高。毕竟同一件事，我们对普通关系的熟人和对相交多年的朋友，期望值是完全不一样的。这种错误的表现形式是自己的付出和期待值的错位，根源正是对人际关系中大家的真实关系产生了错误判断。

真正属于朋友圈的成员，大多应该是核心关系和熟悉关系。我们一方面要慎重对待，将值得相交的朋友纳入圈子。另一方面，也应该有更开放的心态，可以将朋友圈再做具体的划分。毕竟时代不同，虽然“一生知己不过三五”有道理，但我们毕竟不能要求社交关系中所有人都达到这样高的标准，对于关系网中处于不同程度交情的朋友们，我们需要按照实际的具体情况来分别处理。

总之，面对形形色色的“朋友”时，我们要保持清醒的头脑——对真正的朋友可以交付身心，对一般的熟人必须有所保留，对别有用心的人应当虚与委蛇。唯有如此，我们才能在复杂的关系圈中站稳脚跟，认真经营和开发人脉。

◆ 应对小人的 N 种姿势

传统文化里的“小人”，是“君子”的反义词；社交场合里的“小人”，指混迹在关系圈中的别有用心的人，一般具有“阴险狡诈、搬弄是非、隔岸观火、落井下石、趋炎附势”等行为特点。

阴险狡诈者，表里不一、阳奉阴违，言必称朋友，背地里算计；搬弄是非者，故意扭曲关系圈的信息沟通，或干脆造谣生事，达到挑拨成员感情以获得某种好处的目的；隔岸观火者，当别人遇到困难时不施以援手，而怀着幸灾乐祸的心理看笑话，以坐收渔翁之利；落井下石者，比隔岸观火者更坏一等，让别人的不幸遭遇雪上加霜；趋炎附势者，对权贵阿谀奉承，对弱者恶语相向，经常打小报告为自己谋取利益。

小人道德低下、品质恶劣，像生物界的寄生虫，贪婪地吸食宿主的养分，还在关键时刻加害宿主。小人隐藏至深，不按规矩出牌，很难觉察和防范，一旦察觉则已经深受其害。因此，古今中外，很多才能出众、品行高洁之人都难脱小人暗算。小人如此可恶，我们应该如何应对呢？

“以君子之心度小人之腹”

社会风气有正邪之分，小人可以一时得志，但终究邪不压正，对待小人首先应保持独立的人格和高洁品德，树立自己的威严，以浩然正气让小人自觉远离。其一，要走出小人当道的认识误区，任何关系圈中君子都比小人多，而小人终将被社会淘汰。时代持续进步，越来越文明，像岳飞父子一样被小人暗算至身败名裂含冤赴死的悲剧只会越来越少，小人可以暂时逍遥，但绝不会主宰社会。其二，利用小人提升修养、强身健体。小人之所以得逞，说明受害者并非无懈可击，务必从这次遭遇中汲取教训，提高自身应对能力。其三，严厉对待小人，却不表现出憎恶，可以寻找适当机会施以教育感化。

惹不起躲得起

小人危害甚烈，当关系圈的能量不足以淘汰小人时，要尽量避开小人。首先，不要进小人圈子。小人会与同类或喜欢小人者为伍，要善于识别这些关系圈，拒绝参与其中。其次，不要轻易得罪小人。小人将阴谋诡计作为生活的乐趣，会经常性地挖空心思算计对手，且报复心非常严重，因此对小人如果不能致命一击最好保持宽容之心。再次，与小人保持适当的距离。太过疏远，会引起小人的警惕和反击，与小人的交往最好浅尝辄止，将其放在关系圈的边缘层即可。最后，婉拒小人的利诱拉拢。为了巩固自己的实力，小人会以非常规手段收买关系，所以，我们一定不能贪图蝇头小利上了对方的贼船。

“以小人之道还治小人之身”

为避免小人得寸进尺，产生更大的危害，对小人不可一味容忍退让。其一，进退有度。要学习太极手法，绵里藏针；以虚伪对待虚伪，微笑背后有手段，直爽背后有算计，将自己变成一块又臭又硬的石头，让小人无懈可击。其二，暗中搜集证据。小人会纠结一批人暗地行事，一旦条件成熟便在不知不觉中制造事端，让人无路可逃。此时，有节制的退让不是胆怯，而是为进攻做足够的准备。作为小人的对手，可以避免与小人正面交锋，而接近小人圈子的其他成员，通过情感手段争取朋友，孤立对手，同时搜集必要的证据。其三，讲究策略。虽然有了证据，但小人会提前谋划出应对措施，还会寻找很多关系作为屏障，因此必须注意斗争策略，不要打蛇不成反被蛇咬。

电视剧《康熙王朝》中，年轻的康熙命大臣调查结党营私、阴谋犯上作乱的鳌拜，虽然物证确凿，但鳌拜权势熏天，且有众多小人帮扶，康熙打压鳌拜不成差点被其反攻算计。最后康熙审时度势，将其一击致命。对作恶多端的小人，批评教育不但不能帮助他，还会使其变本加厉，因此务必在条件成熟时使出狠招，力争一招致命，让其无法在关系圈立足。

小人如害虫，人人讨厌。但小人生生不息，以保持关系圈的生态平衡。因此，一定要掌握应对小人的圆熟技巧，既不能试图以猛药使其消失殆尽，更不能任由其坐大，以至养虎为患。

◆ 6 条方法，尽量减少留下把柄

《三国志》里有一句话说得很形象："倒持干戈，授人以柄。"即自己非但放弃抵抗，还将刀把递给对手，任由宰割。

在圈子里，我们常会不知不觉授人以柄。比如，违反劳动纪律被上司抓个正着，对别人说长道短被第三者听到，不提防掉进别人设计好的圈套等等。如此种种的把柄被对手攥在手里，成为要挟你就范的砝码。遵纪守法、遵守圈子规则，牢牢坚持道德底线，可以减少授人以柄的错误，但只要生活中有觊觎你的人存在，要完全做到不授人以柄是很难的。如何尽量减少给对方留下把柄的机会呢？

1. 牢记祸从口出

很多把柄都是从嘴中流出的，在社会交往中要学会管住自己的嘴。沟通和交流是分场合的，有些话未经思索就说出来，会无意中得罪他人；有些话说得太多太透，会暴露心底的秘密。三思而后行是必需的，说话之前也应多一番思考。轻易说出自己的判断，会伤害那些持不同观点的人，况且你的判断不一定对。有的人会故意挑逗或刺激你，让你针对某些敏感话题说几句“掏心窝子的话”，对此切不可轻率上当，而应采取绕开话题等办法避而不答。信息时代，还要注意保守秘密，不要轻易在微信或微博上“晒”自己的行动，这些信息在某些情况下，可能被对手据为把柄。

2. 不要轻易站队

每个关系圈都有矛盾，特别是职场上更是有不同的利益圈子，每个小圈子都想争取更多的成员，当然欢迎他人的支持，但支持了这方，就给那方留下了把柄。当然，也不要扮演不倒翁的角色，可以暗中支持而不是在公众场合摇旗呐喊。有人会在交流过程中考验对方的立场，面对突然抛来的橄榄枝，一定要认真思考，不要轻易在对方试探中给出答案。

3. 具备宽广的胸怀

既不攀附权贵，也不鄙弃弱小。曾经的对手遭受困难，不可幸灾乐祸，更不可落井下石，以免种下仇恨的种子。对那些有意无意伤害你的人，如果没有伤筋动骨，完全可以不予理会，切忌因情绪失控做出错误的举动。对方一次次伤害你，无意中总会留下武断行事的把柄，你只需要抓住这些把柄，找准机会给对方以深刻教训就可以了。那些圈子的优秀领导者，不会和普通成员斤斤计较，虽然看似轻易地一次次原谅竞争对手的挑战，实则悄悄记下对方可能犯下的错误，一旦时机成熟则用力一击。

4. 受到帮助要有所表示

有恩必报，可以广结人缘，也可以时刻告诫那些试图抓别人把柄者：我是一个爱憎分明的人，凡事适可而止。有恩即报，还可避免留下直接的把柄。公司有人突遇车祸，同事们纷纷送钱送物，有的到医院探望，有的自觉负担了此人的工作。如果此人痊愈后不表示一下感谢，肯定会有人记住，此人是一个只进不出、不懂感恩的人。

5. 保持平常的心态

平稳发展的人不容易留下把柄，一帆风顺处于上升趋势的人即便有把柄也能被人忽略，但如果有人经历大起大落则容易授人以柄。比如有人白手起家，在事业开创阶段得到大家的同情和帮助，当他积累了一定的财富后，社会地位和心态也随之改变，难免招致嫉妒，某些熟悉他的人会尽力搜寻把柄，比如此人年轻时作风有问题，某段时间沉湎于赌博，借了某人多少钱一直不还等等，都会成为他致命的软肋。不管成功还是失败，都要保持平和的心态和低调的作风，以免让对手抓到把柄。

6. 最好及时处理掉错误

授人以柄并非不可挽回，只要处理得当，就可以化解危机。比如，说出去的某句话、得罪了某个朋友或做错了某件事，应及时想办法实施危机处理。从根本上处理掉错误，是最安全稳妥的做法。

◆ 如何对付那些社交中的麻烦人

在圈子之中，虽然你已尽力而为，但不能保证与每个成员都能处好关系。可能是双方都有问题，也可能双方都没有问题，但就是无法保持友好。在众多不合拍的成员里，有故意制造麻烦者，有直接的竞争对手，有暗中设置陷阱的人，有性格不合见面即吵的人，诸如此类。而若是你的人际关系里有这样的人不断制造麻烦，当然会严重影响你的人际关系网的稳定发展。

面对这些麻烦的“1”，我们要先审视自己是不是存在让对方有机可乘的薄弱环节。

如果自己性格过于懦弱，不停地退让反而使对方更加肆无忌惮；如果自己喜欢夸夸其谈，容易在言语上落入对方的圈套；如果自己不遵守纪律规则，则很容易给别人留下话柄……

如果确认自己没有问题，那么该如何对付那些总带来麻烦的家伙呢？

以诚待人、以礼待人是人际交往的基本原则，可如果对方不吃这一套，则需要适当地敲打一下。这就是恩威并施，也叫“胡萝卜加大棒”法。对付那些在关系圈中互相有关系需求，但双方关系总出现问题的人，最适合采用这种方法。大多数时候待之以礼貌和尊重，并辅之以小恩小惠，如果对方依然得寸进尺则要及时采取措施。

我的一个学弟刚毕业时就遇到过这样让人很烦恼的情况。公司的一个老员工凭借自己资历老，总是对他处处看不顺眼，经常故意找碴。学弟虽然心里对此很厌烦，但依然以新人谦逊的姿态面对，对那个老员工保持尊重、礼貌，甚至专门请客缓解关系。

不过对方显然将他的忍让当成了软弱，变本加厉挤对学弟。忍无可忍之下，学弟决定给对方一个教训，将对方工作散漫、在外接私活等多项违规情况记录下来，私下里正式找他谈了一次，对方这才老实下来，之后一直对学弟客客气气。

当然，这种办法并不适用于所有情况。很多时候，我们在人际关系中遭遇到的麻烦可谓无妄之灾。比如某人事业有成，收入大增，那么原先朋友圈里就会有人心生妒意，随之而来的可能就是各种冷嘲热讽。此时就不必过于强硬，将大家的关系搞得很僵，可以采用怀柔政策，适当牺牲利益给他们一些好处，比如积极一些请大家吃个饭，其他人看见你社会地位提高的同时，并没有忽略大家的友情，自然也就能将关系恢复如初。

另外有些情况下，对方的抱怨是事出有因的。比如，公司业务繁忙，一些员工的岗位需要临时调整，你的同事被抽调到销售部，每天外出奔波，而你则继续在办公室处理内部工作，比起其他人清闲很多。那么这种时候，为了避免矛盾，应该为其他同事做好后勤保障工作，在利益分配时能让就让，让其他员工想找你的毛病也没有机会。

“木秀于林，风必摧之。”很多时候你明明具有真才实学，凭实力得到应有的待遇，但因为涉及其他人的利益，即使你的能力较强、业绩突出，也会遭遇各种暗算或中伤。这种情况下，躲避退让往往无济于事，耐心周旋则耗费精力，最好的方式是逼出那些隐藏的对手，利用自己的优势正面击败对方，让他们自觉放弃干扰，从而继续保证自己在圈子中的核心地位。

我的一位朋友张先生因为工作能力很强，被猎头挖到现在的公司，担任公司分管技术的副总。因为是“空降干部”，遭到手下很多资深员工的嫉恨，其中一位曾参与竞聘副总的技术骨干，表现最为突出，经常在技术研发会议上公开反对张先生的决议。

张先生不动声色，在一个新技术研发项目立项时，专门组织了一场业务竞赛，技术部门的每位员工都可以提交方案，并公开评比。最后的结果是，作为业内技术大牛的张先生凭借自己的技术以绝对优势碾压其他人的方案，让所有人都无话可说。从此技术部不再出现反对的声音。

前面说的是适合强者的应对策略，那些天生的弱者应该如何呢？他们资质平平、能力低下，在办公室里人人得而欺之，该如何避免这些来自关系圈成员的干扰呢？

其实也有一个办法，那就是尽量抱团，合理利用人际关系的互补，大家团结起来共同抵御外在的人际伤害。

05 管理你的人脉财富

◆ 像管理财产一样管理人脉

人际关系形成的人际脉络，是一个看不见、摸不着的关系网，但又具象化为一个个实实在在的人，落在载体上则为一连串由姓名、住址、工作单位、电话、QQ、微信号码等组成的编码。人脉管理，无非是管理关系圈的人和对应的编码。

编码管理，从名片到二维码

电子产品尚未普及之前，名片是人际交流的重要工具。一张小小的纸片成为身份的象征，而名片的多寡也对应着人脉关系的深浅。随着信息时代的到来，名片渐渐被社交活动所淘汰，取而代之的是一枚黑白分明的二维码。无论个人还是团队，无论实物还是虚拟，都可以通过二维码读出独一无二的信息。电话和短信越来越无关紧要，人们已经习惯在QQ群或微信群上沟通、交流，甚至召开会议、举办活动。

电子产品和互联网改变了社交方式，在无名片时代里，将编码扫入手机后是否就一劳永逸了呢？当然不可能。首先，在记住对方的唯一编码后，要根据编码完成通讯录的各项信息，电话、QQ、微信、工作单位和住址等资料要尽可能详细，最好在备注栏里写明对方的职业、行业、与你的关系等。接下来应及时给对方发去信息，与对方保持密切的联系。

大多数手机或平板电脑都有对通讯录按拼音排序的功能，方便检索查找。但为了有效管理，应充分利用通讯录管理软件，将各类号码分别划入各个小组，如亲属、校友、客户、同事等等；对分类有交叉的联系人，则视关系的亲密程度来确定归属哪个小组。要经常查看通讯录，以免需要联系时姓名和号码对应不上，对久不联系的人可以及时发去信息。对通讯录里经常使用的号码，可以采取置顶、星标的方式予以强调，对那些一面之缘后已无联系必要的号码，可以果断清理。

建立人脉资源库，并定期备份

如果不想使用其他陌生的软件，微软公司的电子表格已经足够建立人脉资源数据库了。电子表格可以更详尽地记录人脉资源的联系方式——越详细越能有助于记忆，而诸如生日、兴趣爱好等记录可以为人脉维护提供便利。对资源库的管理要持续不断，及时更新信息，纠正错误信息。做好数据库后，千万别忘记备份，最好有一个云备份，它可以让你在手机丢失、电脑数据损毁的情况下找回这些信息。

情感经营，做好人的工作

维护人脉，说到底就是维护和修补人与人之间的情感需求。首先，要搞清楚交往对象的基本情况，如家庭条件、经济状况等，要时刻了解对方的需求变化。比如对方是一位电影迷，可以时时发一些影片信息或帮忙代购电影票。小小一张电影票可能也就几十块钱，却很容易拉近彼此的距离。如果对方小孩生病，即便不能登门看望，打个电话问候一下，顺便介绍一点医讯，都会让对方备感温暖。这些，都是日常生活中情感经营的常见方法，只要有心不难做到。

物质投入永远没有情感付出打动人心。经常一起吃喝玩乐固然可以保持较密切的关系，但每个人心中较亲近的人一般不会是酒友、牌友、茶友等。要进入对方人脉核心层，不但要投其所好，还要能够与之同甘共苦，互相帮助，进行必要的情感交流。

当然，维护人脉不可能平均用力。必须在众多人脉资源中分清主次，对于那些直接关系个人事业发展和人生走向的人，必须保证足够的时间和精力去维护，有时甚至要牺牲自己的利益满足对方需要；对一般的人脉关系，保持不间断的联络和日常交往即可；对边缘层的人，则无须刻意维护，毕竟对方也并不在意他在你心中的位置。

人脉资源是活的资源，要长远规划、日常维护、适当利用。

长远规划指不要对人脉急功近利，而应着眼未来，有些短期无用的人脉终有一天会发挥巨大功效。日常维护是在对人脉资源分类管理的基础上，经常性地联系沟通，让人脉关系不断成长，保持旺盛的生命力。人脉资源要经常利用，如果长久搁置不用，不能让对方的价值得到体现，即便时时维护也会让人脉萎缩。但利用必须把握好度，有时候人脉资源和自然资源一样，如果过度开发利用，则会破坏良好的人脉生态。

◆ 如何轻松打理人脉资源

人人都处于人际关系之中，都无时无刻不在使用人脉。只不过有的人是自觉产生行为，有的人是被动发生，有的人会让人脉发挥最大效能，有的人则守着金矿叫穷。掌握一些打理人脉的技巧，你也可以成为善于利用和经营人脉关系的人。

“打理”这个词兼有管理、维护和经营的意思，我参加过一次某大型保险公司的新年团拜活动。几位金牌推销员上台领奖，听到主持人报出的令人咂舌的销售金额，全场欢声雷动。接着听他们讲述自己的成功心得，我发现这些金牌推销员都是从最底层做起，有一两个还是半路转行的新手，但无一例外都是打理人脉关系的高手。

其中有一位女推销员讲述的关于如何打理人脉的心得让我印象很深。她从名牌大学毕业后即进入保险行业，也经历过街头推销的初级阶段，现在她实现年销售额半个亿，每天的工作要么是陪客户打高尔夫，要么是与客户一起旅游。她的工作听起来简单又轻松，但在这之前，她对人脉资源的本质做了深刻的分析，并以此作为基础，进行了艰难的摸索和实践，才能做到今天的地步。关于打理人脉的大致逻辑如下：

打理人脉之前，要弄清楚人脉资源的类别。按人脉形成的过程，可以划分为：血缘人脉，由血缘关系自然形成的家族、亲族等；地缘人脉，因居住地域形成，常见的是老乡关系；学缘人脉，由同学关系产生的人脉；事缘人脉，因共同工作或合作共事产生的人脉关系，如公司的同事、短期合作者等；商务人脉，在各种商务来往过程中形成的关系；随缘人脉，偶然相遇产生的关系，一般将其归结为缘分。

这个分类，也基本上是按关系亲疏和重要程度排序，当然仅仅是基本上。一般来说，在维护人脉时，要优先考虑血缘和地缘人脉。一脉相承、亲不亲故乡人等传统观念依然十分牢固，事业合作、互帮互助往往在这两种人脉中进行。其次是同学（包括战友）、同事，双方在同一个地方有相同的经历，在长久的相处中相互了解，结下深厚的友谊，性格及为人处世的方式都彼此了解，同学和同事常常能成为很好的合作伙伴。商务人脉是较为松散的人脉，需要认真维护，经营得好则收获颇丰，不善经营者随时可能失去这类人脉。

按照人脉资源的功用，可划分为政府、金融、行业、技术、学问、媒体、客户、高层、低层等门类，它们互相交叉且分类极不严谨。但做出这些分类又很有必要，可以帮助你有针对性地与人交往，做到有的放矢；有针对性地利用人脉，每次利用必有斩获。

按重要程度，可将人脉资源划分为核心层、紧密层和松散备用层三个层次。核心层人脉资源对你的成长和进步起关键性的作用，幼年时代的人脉核心是父母，学习期可能是某位班主任或长者；参加工作后，直接上司、公司老板、关键同事、重要客户等都会进入人脉核心。紧密层人脉资源指比核心层稍微松散一些的人脉资源，比如工作中，你的非直接领导、一般的同事、普通的客户，社会上的各类较亲近的朋友等。松散备用层人脉资源，顾名思义，可能这类人现阶段对你的作用很小，但在将来可能对你会有重大或一定的影响。核心层人脉资源的重要作用毋庸置疑，无论发展到任何阶段，都要找准核心人脉，而不是平均用力去维护所有的人脉。核心人脉，比如直接上司，一定要维护好了，其他普通同事之间的关系对于工作影响来说，就显得无关紧要的，只做简单的维护就足够了。

其实，打理人脉和投资理财一样，有一个管理、储蓄和增值的过程。只要用心努力，我相信大家也都可以做到。从现在开始，用心积累人脉、使用人脉、经营人脉。

另外，按照人脉资源的发展变化，还可以分为过去时人脉、现在时人脉和将来时人脉。过去时人脉这个提法似乎不正确，既然是人脉怎么会过去呢？我有意提出这个概念，是为了与现在时、将来时加以区别并着重强调。比如，童年时非常要好的小伙伴，多年前留学时在异域的同学或邻居，因地域差异、处境悬殊等成为过去，但又不能割舍，便姑且称之为过去时人际关系，如果使用恰当，一样会有出乎意料的收获。

而对于更重要的现在时人脉，要紧紧把握、积极维护、认真开发。对寄托了无限可能的将来时人脉，则要勤于浇灌，耐心等待绿树成荫的那一天。

最后要说的是，打理人脉也要努力培养交往技能。自信心、沟通力是打理人脉关系的基本功，随着社会进步，必须不断接受新生事物，学习各种社交技能。如多年前有商务人士为了更好地与人交往，自学唱歌以应付在卡拉 OK 谈业务、练习高尔夫以接洽高端客户等，时下则应把握时代节奏，掌握时尚流行的社交方式，比如登山、摄影、骑马、收藏鉴赏、品茶品酒等技能，才能轻松地打理好人脉关系。

◆ 怎样将人脉转化成财富

在传统教育中，能力和奋斗被视为成功的两大法宝，但随着时代的变迁，更主流的价值观则更认可“30 岁前靠能力，30 岁后靠人脉”“一个人事业的成功，80% 应归功于人脉”等说法。

人脉究竟是怎样一种神奇的资源，那些成功人士又是如何将人脉资源变成财富的呢？人脉即人际关系，它的作用已经毋庸赘述，如何发挥人脉的作用，让人脉服务于事业呢？

答案是必须认真开发利用人脉资源，实现人脉价值的最大化。

首先要瞄准最有用的资源。人脉资源既为资源，则与矿产有类似的特点。你的人脉资源蕴藏于全人类之中，当然绝大部分是你目前无法开发利用的沙漠、海洋或冰川，如那些与你注定一辈子不能见面的人。因此，你首先要圈定靶地（探矿的目标地），围绕靶地寻找人脉。通过一段时间的寻找和积累，你的人脉会不均衡地散布于各处，但你不可能穷尽精力开发所有资源，因此请务必集中力量开发最密集最有含金量的富矿。勘察人脉资源有一个“80∶15∶5”理论，即所有人脉资源的 80% 为松散备用层，街坊邻居即属于此类，有的只需见面寒暄即可，无须花力气维护和开发；15% 为紧密层，这类关系会给人际关系带来积极正面的影响，也只需保持一般沟通和交流；还有大概 5% 为核心层，在数量上也就那个几个人，其中必有能促成你事业成功的核心人物，需要我们投入 80% 以上的时间和精力去开发和经营。

人脉本身不能产生价值，但良好的人脉关系可以为你带来创造财富的机会。

要让人脉为你创造财富，必须从以下几个方面着手。

1. 要诚实守信

前面讲过，诚实守信是人际交往的基本原则，这里想再次强调一下，特别对那 5% 的核心人脉，必须保持绝对的诚信，只有这样才能获得对方的信任，将机会给你。

2. 自身要具备创造财富的能力

人脉是你获得财富的催化剂，但前提是你主动创造财富且有这个能力。一个人不主动投资理财，天天梦想中大奖，再亲密的贵人（除非父母赠予）也不可能直接将财富转移过去。那些有能力手握着机会的人，更喜欢将之交给有发展潜力的人，毕竟他们也会考虑成本和回报，更愿意拿到机会的人获得成功，这样双方更有相互需要的价值，没有人愿意在扶不起的阿斗身上下功夫。

3. 主动体现价值

作为人脉的开发利用者，你必须思考，自己有何价值让别人心甘情愿地被你利用。雷军能说动其他六位精英一起创造小米科技，是因为他本身就是一位牛人，能给这六人提供实现人生价值的机会。你的价值在哪里？能让父母自豪地为你投资吗？能让老板欣慰地给你提供晋升机会吗？在利用人脉的同时，如果不能给他人带来回馈，就不是成功的人脉资源开发，最终不能获得财富。

4. 把握细节

对细节的重视很大程度可以让人感觉到你的靠谱。人际交往中的细心表现在能捕捉到他人更多的信息。如有的员工为了与老板拉近关系，会刻意留心老板的生活细节，如喜欢喝什么牌子的咖啡，经常在什么时段上食堂吃饭等，以便利用这些细节制造与老板的共同点，获得老板的好感，从而得到对方的帮助。

5. 付出是获取的前奏

这个前面已经讲过多次，这里要说的是人脉资源的经营是相互的，你在开发利用人脉，被开发者同时也在利用你。只有真心付出，才能获得回报，才能实现人脉资源价值最大化。

除开 5% 的核心人脉，还有一些人脉，虽然没能进入核心层，甚至属于可有可无的人脉，却能在关键时刻为你提供帮助。我对身边很多成功人士的人脉资源进行观察分析后，得出了以下几种不可或缺的人脉资源。

1. 中介机构工作人员，可以为你解决人员招聘、房产租赁买卖之类事情，能够节省你很大一部分精力，办事效率大大提高。

2. 旅行社或票务人员，让你出差、旅行变得轻松自如，生活质量能够得到很大提高。

3. 金融服务人员，为你提供及时的投资理财咨询和帮助。

4. 公务人员，有一两个关系密切的即可，可以为你解决许多棘手的问题。

5. 律师，除非你本身就是律师，不然有一个律师朋友能够在遇到各种法律纠纷时第一时间给你正确的建议是很有必要的。

6. 人际关系丰富的人，他们交友广泛，朋友圈涵盖各个领域。有些圈子是你无法凭借自身融入的，但可以通过他们结识更多朋友的朋友，扩展自己的人际关系圈。

◆ 请牢记，人脉比财富更重要

财富与人脉相比哪个更重要？有人会说是财富，因为人脉是为财富服务的。但实际上人脉比财富更重要。春秋时代末期的范蠡是一位传奇人物，在处理财富和人脉的关系上曾留下浓墨重彩的一笔。

范蠡年轻的时候辅佐越王勾践，越王卧薪尝胆而后复国报仇，范蠡被封为上将军，得到数不清的赏赐。但他舍弃钱财，只留下少量珠宝远走齐国。在齐国他苦心经营，几年工夫累积了数十万财富，齐国国君聘他做宰相。本无意出仕的范蠡迫于压力，做了齐国宰相，任满后辞官归隐，并散尽了巨额财富。

最后范蠡隐姓埋名居住在定陶，利用便利的交通做贸易，很快再一次积累了富可敌国的财富。后来，范蠡的二儿子犯了杀人罪被关在楚国，他让小儿子带一车黄金去赎回二儿子，但小儿子舍不得黄金，执意前去交涉，却带回了二儿子的死讯。

以上是范蠡对待财富著名的“三聚三散”的故事。范蠡散财，并非率性而为，而是利用财富维护人脉，换回比财富更重要的人身安全和更好的发展。范蠡最终成为富甲天下的陶朱公（因其定居陶地，自称陶朱公），与他善于处理财富和人脉的关系不无关系。历史跨越了两千多年，但范蠡的事迹依然给我们留下深刻的启示。

首先，人脉是获取财富的重要手段，宁可牺牲财富投资人脉

投资理财学推崇以投资工具积累财富，所谓“人有两条腿，钱有三条腿”。投资理财获得财富固然比单一的挣钱和攒钱来得轻松快捷，但专心经营人脉资源，会获得比投资理财更丰厚的回报。对大多数人来说，三十岁之前，是事业发展比较艰难的时段，因为每个方面都需要钱，能挣到的却始终有限。是积累有限的金钱，还是积累无限的人脉呢？前者可以完成购房、买车、结婚、生子等诸多任务，后者却是暂时没有回报的不断投入。对大多数人来说，这确实是一个考验，但有少数人，可以牺牲财富甚至借钱请客经营人脉。随着时间推移，二者的差距慢慢体现出来：经营人脉的人终于获得职位、薪酬的提升，或者事业的成就，而积累财富的人只能守着有限的财富原地踏步——他们没有可以提供更多帮助的人脉。

其次，人脉需要持续不断地投资

投资人脉关系，分为自我投资和对关系的投资。自我投资是一个伴随终生的过程，越在经济困难时越要自我投资。在法国的一家供流浪汉栖身的廉价旅馆里，一位曾经的富翁精心地保存着一只价格不菲的爱马仕皮箱，且将有限的积蓄用来保持面容整洁，室友打趣他说，何不将皮箱处理掉做点小生意以解燃眉之急。这位曾经的富翁并没理会他，照例我行我素，终于有一天，此人被一家俱乐部聘为高级主管。这个例子可能有点极端，但很能说明自我投资的问题，我们中的很多人受制于传统观念，主张克己节约，而处于打造核心竞争力的时代，这种观念已经过时。我们必须将有限的资金用于学习、培训和提高自身修养方面，以争取更高层次的人脉关系。

人脉关系的投资并非吃喝玩乐这么简单，你首先得进入那些有价值的圈子。你是否花费数万元甚至数十万元参加过时下流行的某个培训班？大多数人当然是没参加过，并非不愿意，而是认为那些培训班都是高级管理人员和老板的俱乐部，没必要花这个冤枉钱。事实却正好相反，有幸进入这种俱乐部，你的人际关系便上了一个台阶，获得财富的机会将变得更多。当然，接下来还需要投资，需要维护刚建立的人脉关系，同时还得做好长期投资的心理准备。即便很长时间得不到实际的财富回报，至少能从优秀的人脉中获得指引和帮助，有时候对方的一个创意、一句忠告都可能会让你受益匪浅，很快收回全部投资。

最后，获得财富后要及时反哺人脉

范蠡三次散财，都有反哺人脉关系的目的。美国钢铁大王、著名的慈善家卡耐基有句名言：我只是人类财富的管理者。每个财富的拥有者都应有这种理念，即你的财富并非由一己之力积累而成，而是关系圈内所有人共同付出的结果，只不过你恰好成为保管财富的幸运儿。有了这样的理念，我们就会在使用财富的时候尽可能地多为团队着想，让团队共享财富；尽可能地多回报关系圈；尽可能地多履行社会责任。这样做也可以更好地维护现有关系圈，同时创造机会认识更多的朋友，为你事业的持续发展奠定基础。

FONGHONG
凤凰联动出品